Blütenpracht gibt es auf Madeira das ganze Jahr über

lometern, ist maximal 23 Kilometer breit und hat eine Fläche von 741 Quadratkilometern. Damit ist Madeira die größte Insel des gleichnamigen Archipels. Die zweitgrößte Insel ist Porto Santo, mit einem kilometerlangen Sandstrand quasi die Badeinsel Madeiras. Beide Inseln liegen 50 Kilometer auseinander. Das nordöstlich gelegene Porto Santo hat bei einer Länge von elf Kilometern und einer Breite von sechs Kilometern eine Fläche von 41 Quadratkilometern. Die höchste Erhebung ist der 516 Meter hohe Pico do Facho.

Zum Archipel gehören auch die »verlassenen Inseln« Ilhas Desertas: Chão, Deserta Grande und Bugio, die 20 Kilometer südöstlich von Madeira liegen und von Funchal aus meist gut zu erkennen sind. Eine Landung – Geologen und Spinnenforscher, die dort eine hochgiftige Wolfsspinnenart beobachten wollen, lassen sich auf die fast vegetationslosen Inseln übersetzen – ist wegen der Felsklippen und einer meist hohen Brandung schwierig. Weil es kein Wasser gibt, sind die Ilhas Desertas unbewohnt.

Zur Madeira-Gruppe zählen außerdem die »wüsten« Inseln Selvagens Piato Grande, Pitão Grande, Pitão Pequeno und Selagens Grande, die ebenfalls unbewohnt sind. Bis 1971 waren diese Inseln Privatbesitz. Sie liegen näher an der kanarischen Insel Teneriffa (Entfernung: 170 km) als an Funchal (230 km).

So verstreut der Madeira-Archipel im Atlantik liegt, so unentdeckt war er über lange Zeit der Menschheitsgeschichte. Legt man deren Beginn in die 3. Zwischeneiszeit um 130 000 Jahre v. Chr., als die ersten Prä-Neandertaler auftauchten, so ist die Kenntnis von Madeira und ihren Schwesterinseln nicht einmal einen Wimpernschlag alt. 1351 n. Chr. tauchte Madeira erstmals auf einer italienischen Seekarte auf. Vorher hielt man alles, was aus Sicht der Alten Welt jenseits der Straße von Gibraltar lag, für das Ende der Welt. Immerhin

Fischer

wurde auf der erwähnten florentinischen Seekarte der Inselname schon mit Holz in Verbindung gebracht – das portugiesische Wort Madeira bedeutet ja Holz –, allerdings als italienische Umformung des arabischen Wortes *el Aghnam* (die Hölzerne): *isla de lolegname.* Es muß also bereits bekannt gewesen sein, daß man in dortigen Wäldern roden und Holz für den Schiffsbau gewinnen konnte.

Gleichwohl liegt die Entdeckung Madeiras, von dem man wegen fehlender Spuren annimmt, daß es keine menschlichen Ureinwohner hatte, im dunkeln. Das fördert die Legendenbildung. Die schönste Entdeckungslegende ist eine Liebesgeschichte. Die Engländer bevorzugen diese Romanze, weil sie, die ohnehin vieles auf Madeira geprägt haben, nach ihr die Entdecker der Atlantik-Insel wären. Die bekannteste Lesart dieses englischen Märchens: Der edle Ritter Robert Machyn liebte ein Mädchen aus gutem Hause, Anne Dorset. Weil Anne ihn nicht heiraten durfte, bestiegen die beiden ein Schiff, um nach Frankreich zu gehen und dort in wilder Ehe zu leben. Ein nicht enden wollender Sturm trieb das Schiff ab und ließ es endlich an den Gestaden Madeiras stranden, und zwar in jener Bucht, in der das heutige Machico – eine Erinnerung an Ritter Machyn? – liegt. Anne starb an Entkräftung; und Robert, der edle Ritter, könnte, nachdem er seine Geliebte begraben und ihr ein Kreuz gesetzt hatte, sein Schiff mit Madeira-Holz wieder flott gemacht und so an der Küste Afrikas Kunde von der nicht bekannten Insel gegeben haben.

Nun ja, halten wir uns vielleicht besser an die historisch verbürgten Tatsachen! 1419 nahm João Gonçalves Zarco, der von Heinrich dem Seefahrer auf Entdeckungsreise geschickt worden war, den Madeira-Archipel für Portugal in Besitz. Auch hierzu gibt es eine Heldenlegende: Zarco soll in Porto Santo gestrandet sein. Die Nachbarinsel Madeira sollen die Seefahrer wegen der ständigen Wolkenbildung über den Bergen für den »Höllenschlund der Welt« gehalten haben und dann doch hingesegelt sein, um es todesmutig zu entdecken. Dagegen spricht, daß Zarco dieselben Namen, nur Portugiesisch, vergab, wie sie schon auf der alten florentinischen Seekarte verzeichnet waren. Denn auch Porto Santo hieß dort schon *Séo,* die Heilige. Zarco will sie aus Dankbarkeit so genannt haben, weil sein Schiff nach einem vernichtenden Sturm gestrandet war. Es scheint also vielmehr sicher, daß Heinrich der Seefahrer,

MARCO POLO

MADEIRA

Reisen mit

Insider-Tips

Diese Tips sind die ganz speziellen Empfehlungen unserer Autoren. Sie sind im Text gelb unterlegt.

Sechs Symbole sollen Ihnen die Orientierung in diesem Führer erleichtern:

★

für Marco Polo Tips – die besten in jeder Kategorie

für alle Objekte, bei denen Sie auch eine schöne Aussicht haben

für Plätze, wo Sie bestimmt viele Einheimische treffen

für Treffpunkte für junge Leute

(A1)
Koordinaten für die Übersichtskarte
(O) *außerhalb des Kartenbereichs*

Die Marco Polo Route in der Karte verbindet die schönsten Punkte von Madeira zu einer Idealtour.

Diesen Reiseführer schrieb Rainer Stiller. Er ist langjähriger Reisejournalist. Auf mehreren ausgedehnten Reisen entdeckte er den Reiz des Madeira-Archipels und den Charme seiner Menschen. Die Marco Polo Reihe wird herausgegeben von Ferdinand Ranft.

MAIRS GEOGRAPHISCHER VERLAG

MARCO POLO

Für Ihre nächste Reise gibt es folgende Titel dieser Reihe:

Ägypten • Alaska • Algarve • Allgäu • Amrum/Föhr • Amsterdam • Andalusien • Antarktis • Argentinien/Buenos Aires • Athen • Australien • Bahamas • Bali/Lombok • Baltikum • Bangkok • Barcelona • Bayerischer Wald • Berlin • Berner Oberland • Bodensee • Bornholm • Brasilien/Rio • Bretagne • Brüssel • Budapest • Bulgarien • Burgenland • Burgund • Capri • Chiemgau/Berchtesgaden • China • Costa Brava • Costa del Sol/Granada • Costa Rica • Côte d'Azur • Dänemark • Disneyland Paris • Dolomiten • Dominik. Republik • Dresden • Dubai/Emirate/Oman • Düsseldorf • Eifel • Elba • Elsaß • England • Erzgebirge/Vogtland • Feuerland/Patagonien • Finnland • Flandern • Florenz • Florida • Franken • Frankfurt • Frankreich • Frz. Atlantikküste • Fuerteventura • Galicien/Nordwest-Spanien • Gardasee • Gran Canaria • Griechenland • Griech. Inseln/Ägäis • Hamburg • Harz • Hawaii • Heidelberg • Holland • Hongkong • Ibiza/Formentera • Indien • Ionische Inseln • Irland • Ischia • Island • Israel • Istanbul • Istrien • Italien • Italien Nord • Italien Süd • Ital. Adria • Ital. Riviera • Jamaica • Japan • Java/Sumatra • Jemen • Jerusalem • Jordanien • Kalifornien • Kanada • Kanada Ost • Kanada West • Karibik: Große Antillen • Karibik: Kleine Antillen • Kärnten • Kenia • Köln • Kopenhagen • Korsika • Kreta • Krim/Schwarzmeerküste • Kuba • Lanzarote • La Palma • Leipzig • Libanon • Lissabon • Lofoten • Loire-Tal • London • Luxemburg • Madagaskar • Madeira • Madrid • Mailand/Lombardei • Malediven • Mallorca • Malta • Mark Brandenburg • Marokko • Masurische Seen • Mauritius • Mecklenburger Seenplatte • Menorca • Mexiko • Mosel • Moskau • München • Namibia • Nepal • Neuseeland • New York • Normandie • Norwegen • Oberbayern • Oberital. Seen • Oberschwaben • Österreich • Ostfries. Inseln • Ostseeküste: Mecklbg.-Vorp. • Ostseeküste: Schlesw.-Holst. • Paris • Peking • Peloponnes • Pfalz • Polen • Portugal • Potsdam • Prag • Provence • Rhodos • Rom • Rügen • Rumänien • Rußland • Salzburg/Salzkammergut • San Francisco • Sardinien • Schottland • Schwarzwald • Schweden • Schweiz • Seychellen • Singapur • Sizilien • Slowakei • Spanien • Spreewald/Lausitz • Sri Lanka • Steiermark • St. Petersburg • Südafrika • Südamerika • Südengland • Südkorea • Südsee • Südtirol • Sylt • Syrien • Taiwan • Teneriffa • Tessin • Thailand • Thüringen • Tirol • Tokio • Toskana • Tschechien • Tunesien • Türkei • Türk. Mittelmeerküste • Umbrien • Ungarn • USA • USA: Neuengland • USA Ost • USA Südstaaten • USA West • Usedom • Venedig • Vietnam • Wales • Die Wartburg/Eisenach und Umgebung • Weimar • Wien • Zürich • Zypern • Die 30 tollsten Ziele in Europa • Die tollsten Hotels in Deutschland • Die tollsten Restaurants in Deutschland

Die Marco Polo Redaktion freut sich, wenn Sie ihr schreiben:
Marco Polo Redaktion, Mairs Geographischer Verlag
Postfach 31 51, D-73751 Ostfildern

Unsere Autoren haben nach bestem Wissen recherchiert. Trotzdem schleichen sich manchmal Fehler ein, für die der Verlag keine Haftung übernehmen kann.

Titelbild: Küste bei Ribeira Brava,
Blick zum Cabo Girão (Huber/R. Schmid)

Fotos: Baumli (19, 20, 26, 41, 65, 76); Heinze (48, 61); Huber: Huber (7, 23, 32, 36, 54, 56), Schmid (24, 34, 38, 59); Lade: Krecichwost (29), Ott (Anreise), Rose (52), Siering (83); Mauritius: AGE (84); Eichhorn: Zingel (16), Torino (4); Reichelt (8, 11, 14, 81); Schapowalow: Huber (30, 75), Komine (47); Schuster: Kiene (72), Putz (66)

4., aktualisierte Auflage 1996 © Mairs Geographischer Verlag, Ostfildern
Gestaltung: Thienhaus/Wippermann (Büro Hamburg)
Kartographie: Mairs Geographischer Verlag, Krus
Sprachführer: in Zusammenarbeit mit dem Ernst Klett Verlag für Wissen und Bildung GmbH, Redaktion PONS Wörterbücher

Printed in Germany
Gedruckt auf 100% chlorfrei gebleichtem Papier

INHALT

Entdecken Sie Madeira!

Die Insel im Atlantik ist ein ganzjährig blühender Garten. Primavera – der Frühling – ist hier keine Jahreszeit, sondern ein Dauerzustand. Leisten Sie sich Frühlingsgefühle!

Armando, der Taxifahrer, der seine Dienste für die nächsten Tage in gar nicht mal so schlechtem Deutsch gleich auf der Fahrt vom Flughafen nach Funchal anbietet, schwört mit rollenden Augen und ausholenden Bewegungen, als könnte er die dunkelgrauen Wolken über der Insel wegschieben: »Es gibt keinen Tag, an dem auf Madeira nicht die Sonne scheint.« Und keinen, an dem es nicht regnet, möchte man hinzufügen. »Die paar Tropfen«, sagt Armando leichthin mit Blick auf die kirschkerngroßen Regenkugeln, die gerade auf der Windschutzscheibe seines Taxis zerplatzen, »das zieht wieder fort; und außerdem ist es gut für die Natur.« Wo Armando recht hat, hat er recht. Deshalb: *»Bemvindo a Madeira.«* Willkommen auf Madeira!

Von Armando lernen wir gleich Lektion Nummer eins für alle Madeira-Reisenden: Wer auf die »Blumeninsel«, auf das »Eiland des ewigen Frühlings«, in den »schwimmenden Garten mitten im Atlantik« fährt, kann nicht allen Ernstes erwarten, daß sich diese die Sinne betörende Blütenpracht ohne einen Tropfen Wasser entfalten könnte. Es regnet also auf Madeira. Immer! Nein, nicht immer. Auch nicht immer öfter, aber regelmäßig.

Erstaunlicherweise regnen sich die Wolken, die von den Azoren von den vorherrschenden Westwinden über den Atlantischen Ozean herangeschoben werden, häufig in den Nachtstunden ab. Dann hat man als Madeira-Besucher, der am Morgen sein Hotel verläßt, das Gefühl, die Insel habe ein erfrischendes Bad genommen. Die Blüten recken ihre Stempel in den Himmel, das Grün der Blätter glänzt satt.

Sollte es trotzdem einmal tagsüber regnen, dann sind die Schauer tatsächlich, wie Armando es versprochen hat, nie von Dauer. Etwas pathetisch könnte man sagen: Petrus, der Schirmherr des Wetters – einen Schirm oder eine dünne Regen-

Im Fischerhafen von Câmara de Lobos werden schmackhafte Meerestiere angelandet

haut sollte jeder Madeira-Besucher im Gepäck haben –, dreht den Gartenschlauch auf, damit das kleine Paradies Madeira nicht vertrocknet.

Nun muß man beim Regen auf Madeira genauso differenzieren wie beim Klima überhaupt. Sicher ist richtig, daß diese Frühlingsinsel ein insgesamt warmes Klima hat. Schließlich liegt der Archipel auf demselben Breitengrad wie die heißen Wüstenorte Marrakesch und Tripolis im Norden Afrikas.

Das warme Klima ist angenehm ausgeglichen. Zwischen Sommer und Winter, zwischen Tag und Nacht gibt es bis in eine Höhenlage von 1000 Meter Temperaturschwankungen von nur fünf bis sechs Grad Celsius.

Daß Temperaturen und Niederschläge dann doch stärker schwanken können, liegt an der geologischen Beschaffenheit der Insel. Sie ist praktisch die Spitze eines Gebirges, dessen Flanken unter Wasser bis in eine Tiefe von 4000 Meter abfallen, wobei der Norden Madeiras erheblich steiler abfällt als der Süden, auch wenn es dort ebenfalls keine Strände gibt (wer auf Madeira baden will, ist auf die Swimmingpools der Hotels angewiesen!). Madeira kann man also als ein eigenständiges kleines Gebirge beschreiben, so wie es der Schweizer Kartograph Jakob Melchior Ziegler Anfang dieses Jahrhunderts nicht ohne Begeisterung getan hat: »Man sieht tiefe Talfurchen, steile Wände, rundliche Kappen dicht neben hochaufstrebenden Hörnern; man überschreitet Stellen an jähen Abhängen, wo fast Schwindel den Reisenden überfallen möchte, oder man schreitet in sanften Mulden und Einsenkungen bergan; aber: Selbst die Formen der Felsen der in die Lüfte ragenden Spitzen sind in allen Kanten und Ecken abgerundet, die scharfen Formen der Alpen fehlen ganz, ebenso die gewaltigen Massen unserer Berge, obwohl die Gegensätze von hoch und tief dort viel rascher und auffallender sich zeigen.«

Fast in der Mitte teilt der Encumeada-Paß die Gebirge auf Madeira in einen östlichen und einen westlichen Teil, deren höchste Gipfel vulkanischen Ursprungs sind und bis über 1800 Meter reichen. Der höchste Gipfel ist der 1861 Meter hohe Pico Ruivo de Santana. Die insgesamt 73 700 Hektar große Inselfläche teilt sich auf in 12 000 Hektar natürlichen Lorbeerbaumbestand, 17 500 Hektar kultivierten Waldbestand aus Eukalyptusbäumen und Kiefern, 20 000 Hektar Ackerland, 6500 Hektar bebautes Gelände und 17 700 Hektar Ödland.

Zahlreiche Flüsse durchziehen die Insel, von denen die meisten – auch der größte, die Ribeira da Janela – im östlich 1300 Meter hoch gelegenen Hochmoor Paúl da Serra entspringen. Sie schnitten im Laufe der Jahrhunderte malerische Täler in die Gebirgsmassive, die für viele Besucher den wahren Reiz der Insel ausmachen.

Madeira liegt auf 32 Grad 38 Minuten nördlicher Breite und 16 Grad 54 Minuten westlicher Länge, das heißt, rund 900 Kilometer von Portugals Hauptstadt Lissabon und 600 Kilometer von der Küste Marokkos entfernt. Die Insel ist 57 Kilometer lang, hat einen Umfang von 151,4 Kider selber übrigens das portugiesische Festland fast nie verlassen hat, seinen Kapitän mit der Seekarte losschickte und ihn aufforderte: »Geh' das mal ein bißchen gründlicher entdecken.«

Zeitgenössischen Berichten entnehmen wir, daß weite Gebiete Madeiras schon 1433, nur 13 Jahre nach Zarcos erstem Schritt auf den Strand, abgeholzt waren. Die Besiedelung ging zügig voran; die Landwirtschaft wurde durch die Anlage der Bewässerungskanäle, *Levadas* genannt, aufgebaut. Die Bevölkerungszahl wuchs schnell. Die wenigen Siedler um Gründervater Zarco und seine beiden Mitstreiter Tristão Vaz Teixeira und Bartolomeus Perestrelo, die sich die Lehen Madeira und Porto Santo teilten, bekamen rasch Unterstützung. In ganz Europa sprach es sich herum, daß man auf Madeira sein Glück machen konnte. Schon 20 Jahre nach der Entdeckung gab es über 150 namhafte und besitzende Familien auf der Insel; weitere zehn Jahre später waren es bereits 800. Madeira war chic geworden. Auch ein bald weltberühmter Mann gehörte zu den Neubürgern: der spätere Amerikaentdecker Christoph Kolumbus.

Für einen reichen Händler der Lissaboner Gesellschaft, Ex-Genueser wie Kolumbus selbst, fuhr der Seefahrer nach Madeira, um Zucker einzukaufen. Er fuhr immer wieder hin und heiratete schließlich auf Porto Santo Filipa Moniz, die Tochter des ersten Gouverneurs Perestrelo. Die Gründe für diese Hochzeit liegen im dunkeln. Historiker vermuten, daß Kolumbus sich durch die Heirat den Aufstieg in Kreise versprach, in denen über weitere Entdeckungsreisen gesprochen und entschieden wurde.

Wie es auch gewesen sein mag, Madeira war in jedem Fall der Grundpfeiler für den Ausbau des portugiesischen Königreichs zu einem weltumspannenden Kolonialreich. Und Madeira war von Anfang an ein internationaler Schmelztiegel, was bis in die Neu- und Jetztzeit nachwirkt.

Beim Schritt in die Moderne gibt es für die Madeirenser zwei wegbereitende Völker. Zum einen selbstredend die Portugiesen. Bis heute fühlt sich der Archipel als Teil des portugiesischen Staates. Daß es nie separatistische Bestrebungen gegeben hat, liegt vor allem daran, daß Madeiras Eigenverantwortung schon immer groß war. Heute hat es eine autonome Regierung und wird praktisch nur nach außen von der Regierung in Lissabon vertreten.

Das zweite Volk, das Madeiras Entwicklung entscheidend mit vorangetrieben hat, ist das der Engländer. Schon früh machten die Briten Geschäfte mit den Menschen auf der Insel im Atlantik. So soll sich etwa der englische Entdecker und Seefahrer Kapitän Cook 1768, als er mit seinem Schiff, der »Endeavour«, zur Weltumsegelung aufbrach, in Funchal mit Wein für seine Mannschaft eingedeckt haben: Angeblich kaufte er 200 Flaschen pro Mann – und das waren immerhin 94. Der gute Ruf des Madeiraweins, der bis heute den Namen der Insel zumindest in Weinkennerkreisen lebendig hält, galt also auch schon damals.

Um den Weinexport voranzutreiben, kamen dann bis heute berühmte britische Familien nach Madeira: die Leacocks etwa oder, mit einem noch klingenderen Namen, die Blandys, deren Garten immer noch zu den Sehenswürdigkeiten Funchals gehört. In der Folge dieser großen Weinhändler reisten die Engländer vor allem im Winter in Scharen nach Madeira und begründeten so um die Mitte des vergangenen Jahrhunderts den Tourismus auf der Inselgruppe, der schnell zur wichtigsten Einnahmequelle wurde. Es kamen vor allem Sonnenhungrige, aber auch Rekonvaleszenten, die sich von dem subtropischen Klima Heilung, etwa bei Lungenkrankheiten, versprachen.

Dichter und Denker, Großindustrielle und Ganoven, Pensionisten und Politiker zog es regelmäßig auf die Insel. Zu den berühmtesten Ausspannern gehörte Englands Premierminister Sir Winston Churchill, der 1949 zum ersten Mal längere Zeit auf Madeira verbrachte und dann immer wieder kam. Er wohnte im Fischerdorf Câmara de Lobos. Auf einer Terrasse über dem Hafen hockte er, einen großen Hut gegen die Sonne auf dem Kopf und die qualmende Havanna-Zigarre im Mund, vor seiner Staffelei und malte, eine Leidenschaft von ihm.

Der richtige Durchbruch zu einem der beliebtesten Ferienziele Europas gelang Madeira dann allerdings erst in den sechziger Jahren dieses Jahrhunderts, als durch die Flughäfen auf Porto Santo (Eröffnung 1960) und Madeira selbst (1964, Ausbau und Verlängerung der Landebahn 1986) der Linien- und Charterverkehr aufgenommen werden konnte.

Was Reisende heute hier suchen, ist schnell umrissen. Da gibt es die einen, die hoffen, Ruhe und Entspannung zu finden. Sie werden nicht enttäuscht. Es gibt sie überall, die Ecken, in denen man wenige oder keine Menschen trifft. Dann gibt es jene, die den Urlaub mit sportlicher Betätigung verbringen möchten. Auch sie finden gute Möglichkeiten. Segler, Surfer, Tennis- und Golfspieler, vor allem aber Wanderer kommen voll auf ihre Kosten. »Madeira läßt bei seinen sportlichen Gästen wirklich keine Wünsche offen«, wirbt das Portugiesische Touristik-Amt und übertreibt dabei keineswegs.

Bei rund 280 000 Einwohnern beherbergen Madeira und Porto Santo über 300 000 Gäste mit rund drei Millionen Übernachtungen pro Jahr. Längst ist das Vorurteil widerlegt, daß nur Senioren auf die Insel kommen. Man sieht die älteren, meist englischen Herrschaften, zwar genüßlich durch die Bar des Reid's schlurfen, des immer noch besten Hotels der Insel, aber sie sind in den Straßen nicht mehr die Mehrheit. Familienurlaube bieten sich an, weil nahezu jedes Hotel, das per Pauschalarrangement zu buchen ist, eine eigene Swimmingpool-Anlage hat. Und schließlich bietet die aufregende Landschaft sehr viel mehr Abwechslung als die meisten europäischen und internationalen Sonnenziele.

Und wenn es noch eines Arguments für Madeira bedarf, dann sind es die Menschen. Die Madeirenser sind ein freundliches Inselvolk, vielleicht ein wenig reserviert, aber doch meist sehr entgegenkommend. Am besten kann man die Menschen auf ihren Festen kennenlernen, die sie beeindruckend zu feiern verstehen. Wer Gelegenheit hat, eine Weinlese oder eine Wallfahrt mitzumachen, die meistens übrigens in großer Fröhlichkeit endet, der sollte das tun. Der Höhepunkt des Feierns auf Madeira ist allerdings die letzte Nacht des Jahres. Alle sind auf den Beinen; alle Häuser sind beleuchtet. Und um 23 Uhr versammelt man sich in den Straßen, um zum Jahres-Kehraus und zur Begrüßung des neuen Jahres das Feuerwerk über der Stadt zu erleben, das unbestritten zu den größten, schönsten und aufregendsten der Welt gehört. Es ist auch die Nacht, in der die meisten Kreuzfahrtschiffe, die ohnehin regelmäßig Madeira anlaufen, auf der Reede von Funchal liegen. Sie geben mit ihren Schiffssirenen und -hörnern den Ton zu einem wunderbar illuminierten Himmel.

Die Ausgelassenheit dieser Nacht darf jene nicht abschrekken, die lieber mit sich allein sind. Auch Eigenbrötler finden auf Madeira ihren Platz, vielleicht in einer kleinen, verschwiegenen Bar, wo man zu einem Glas Aguardente, dem lokalen Schnaps, warm und unverdünnt im stumpigen Glas, einen Fado hören kann, jenen etwas schwermütigen Gesang zum gezupften Saiteninstrument. Von Schicksalen, dem eigenen und dem der Freunde, ist dann die Rede. Die Stimmung bleibt in der Schwebe zwischen Lachen und Weinen. Die Melancholie paßt – wir erinnern uns – zu den kirschkerngroßen Regentropfen, die auf der Windschutzscheibe von Armandos Taxi zerplatzt waren. Der sympathische Begleiter durch die Tage wird uns am nächsten Morgen zum Flughafen zurückbringen müssen. Der Fado und ein zweiter Aguardente verstärken die Wehmut, eine mit herbem Charme für sich einnehmende Insel verlassen zu müssen. Wir dürfen nicht vergessen, es Armando zu sagen: »Gostamos muito de estar aqui.« Wir haben uns hier sehr wohl gefühlt.

Arbeiter im Weinkeller von Funchal

Geschichtstabelle

Die Vorgeschichte Madeiras und seiner Nachbarinseln kann nicht eindeutig beschrieben werden. Als gesichert gilt nur, daß es keine Ureinwohner gab

1351
Auf einer florentinischen Seekarte mit dem Titel *Parte dell'Affrica tratta dalla Carta V. del Portulano* ist der Madeira-Archipel erstmals verzeichnet. Porto Santo heißt hier bereits *Porto Séo,* Madeira *Isla de lolegname,* was als italienische Umformung des arabischen *el Agham* gedeutet wird und »die Hölzerne« heißt. Im Portugiesischen heißt Madeira Holz

1418–1420
Nicht ganz geklärt ist, ob die Seefahrer João Gonçalves Zarco und Tristão Vaz Teixeira mit direktem Auftrag Porto Santo und Madeira entdeckten und in Besitz nahmen. Denn eine Legende will, daß sie von ihrem Auftraggeber, Heinrich dem Seefahrer, eigentlich zu weiträumigeren Entdeckungsfahrten entsandt worden waren, bei Porto Santo aber in einen Sturm kamen und strandeten. Erst nach geraumer Zeit wagten sie es, zur Nachbarinsel überzusetzen, weil sie den Ort wegen der ständigen Wolkenbildung für den »Höllenschlund der Welt« hielten

1440
Der Ostteil Madeiras mit Machico als Hauptstadt wird Tristão Vaz unterstellt

1446
Porto Santo kommt unter die Lehensherrschaft von Bartolomeu Perestrelo

1450
Im Westteil Madeiras mit Funchal als Hauptstadt wird João Gonçalves Zarco Legatskapitän

1455
Die Menschen auf Madeira beginnen Wein anzubauen

1497
König Manuel I. gliedert ganz Madeira in sein Königreich Portugal ein, macht Funchal zur alleinigen Hauptstadt und setzt Nachfahren von João Gonçalves Zarcos als Legatskapitäne ein

1508
König Manuel I. verleiht Funchal Stadtrechte. Die fünf Zuckerhüte im Stadtwappen verweisen darauf, daß Madeira mit seinem Zuckerrohranbau innerhalb weniger Jahrzehnte zum wichtigsten Zuckerlieferanten des damaligen Europa geworden war

1513
Zur Sicherheit der Zuckerschiffe vor Piratenangriffen läßt Manuel I. in Funchal die Festung São Lourenço bauen

1516
Papst Leo X. macht Funchal zum Bischofssitz. Die Kathedrale Sé wird geweiht. Zum Dank schicken die Madeirenser eine Nachbildung der Peterskirche aus Zucker nach Rom

1530
Die Bedeutung Madeiras als Zuckerlieferant beginnt wegen der stärker werdenden Konkurrenz aus Amerika zu sinken

1566
Französische Freibeuter überfallen Funchal und plündern die Kirchen und Paläste, bevor Hilfe aus Lissabon kommen kann

1581
Nach dem Tod König Heinrichs II. verliert Portugal seine Unabhängigkeit an Spanien. König Philipp II. wird auch zum Herrscher über den Madeira-Archipel

1620
Der Seeräuber John Ward plündert Funchal, verschleppt 1200 Menschen und verkauft sie als Sklaven in Tunesien

1640
Portugal erhält seine Unabhängigkeit zurück

1662
Die portugiesische Königstochter Katharina von Bragança heiratet König Charles II. von England. Englische Kaufleute lassen sich auf Madeira nieder und bringen den Weinhandel voran

1801
In ihrem Kampf gegen Napoleon und die Franzosen machen englische Truppen Madeira zum Atlantikstützpunkt. Ab 1807 kommt es für sieben Jahre zu einer festen Besetzung Madeiras. Während der Besatzungszeit lassen sich viele Engländer dort nieder und bleiben

1852–1872
Der Weinbau auf Madeira gerät in eine Krise, weil zunächst Mehltau und dann die Reblaus – beides aus Amerika eingeschleppt – ganze Ernten vernichten. Es kommt zu einem Auswanderungsstrom

1860
Die Engländerin Mrs. Phelps bringt die Stickkunst nach Madeira und begründet einen neuen, bis heute florierenden Erwerbszweig auf der Insel

1873/74
Das Unterwasserkabel von Brasilien nach Lissabon wird über Funchal verlegt

1891
In Funchal wird das weltberühmte Reid's Hotel eröffnet. Madeira gewinnt bei Reichen und Adeligen aus ganz Europa an Bedeutung

1947
Englische Wasserflugzeuge beginnen mit einem Linienverkehr nach Madeira

1964
Madeira bekommt seinen Flughafen; der Massentourismus beginnt

1976
Der Madeira-Archipel erhält weitreichende Selbstverwaltungsrechte

1993
Der europäische Binnenmarkt kommt nach Portugal. Nach Madeira gelangen Agrarsubventionen und Regionalzuschüsse. Die Bewohner hoffen auf wirtschaftlichen Aufschwung

ECCE · AGNU
C. LUSITANIA

Von Azulejos bis Zuckerrohr

Blütenpracht und herrliche Früchte erwarten Sie auf Madeira und natürlich der berühmte Wein, der sogar in die Weltliteratur Eingang gefunden hat

Azulejos

Manchmal erzählen die Bilder richtige kleine Geschichten, Geschichten von den Menschen auf Madeira, von ihrer Arbeit auf dem Feld, von Fischern, die ihre Netze ausgeworfen haben, von einem Tänzchen in Tracht. Es sind ganz besondere Bilder aus bemalten Fliesen, die erst zusammengesetzt das gesamte Motiv ergeben. Diese *azulejos* sind in ganz Portugal verbreitet. Besonders viele dieser meist blau-weiß gehaltenen Fliesenbilder findet man auf Madeira. Der Name kommt nicht, wie man auf den ersten Blick denken könnte, von dem Wort *azul* für blau. Das Wort geht vielmehr auf den arabischen Ausdruck *al-Zulayi* für einen kleinen, polierten Stein zurück. Die Kunst der Fliesenherstellung und -bemalung kam von Rom und Byzanz über Nordafrika nach Spanien, Portugal und Madeira. Überall auf der Insel kann der aufmerksame Besucher *azulejos* finden. Sie schmücken Bänke und Brunnen, Kirchen und kommunale Bauten. An vielen Häusern haben sie sogar praktischen Wert. Eine bis unters Dach geflieste Außenwand verhindert den Korrosionsprozeß der Mauer, die der salzhaltigen Meeresluft ausgesetzt ist. Die schönsten *azulejos* gibt es übrigens in Funchal im Rathaus und links neben dem Hochaltar in der Kathedrale Sé sowie in der Kirche von Santa Clara, die bis hoch zum Chor gefliest ist. *Azulejos* werden auch heute noch hergestellt. Sie haben dann oft kirchliche Motive oder zeigen Landschaften.

Azulejos – Bilder aus bemalten Fliesen – zeigen sakrale oder weltliche Motive

Bananen

Seit dem 16. Jahrhundert werden auf Madeira Bananen angebaut. Die Kulturpflanze, die einst die Araber aus Südasien mit nach Afrika und Europa brachten, gedeiht nur bei gleichbleibenden Temperaturen und konstanter Feuchtigkeit. Deshalb wächst sie auf Madeira nur in den tiefergelegenen Regionen rund um Funchal. Schon ab 300 m Höhe würde sie keine Früchte mehr

Der Anbau von Bananen hat eine lange Tradition

tragen. Angeboten wird hier die Obstbanane *Banana ana,* die mit Stauden von bis zu 1,70 m eher kleinwüchsig ist und die kleinen, goldgelben Früchte trägt, die man auf dem Markt und an den Obstständen überall in der Stadt kaufen kann. Die bis zu fünf Meter in die Höhe wachsende Silberbanane ist anspruchsvoller und kommt deshalb nur in besonders gepflegten Gärten rund um Funchal vor. Die Stauden brauchen übrigens drei bis vier Jahre, bevor sie Früchte tragen.

Fado

Wer den für Portugal berühmten Fado hört, einen melancholischen Gesang zum Klang von Saiteninstrumenten, kann nicht glauben, daß er nicht schon immer und ewig zu diesem Land und seinen Menschen gehört hat. Das Gefühl klingt so tief und fest, als sei es seit Jahrhunderten hier verankert. Dabei entstand der Fado erst am Anfang des 19. Jahrhunderts in Lissabon. Seefahrer hatten ähnliche Gesänge aus Brasilien mitgebracht, wo schwarze Sklaven solche Musik zum Himmel schickten. Die Boheme von Lissabon griff diese Melodien auf und verfeinerte sie. Das Wort Fado leitet sich aus dem lateinischen Begriff Fatum, also Schicksal und Verhängnis, ab. Der Grund ist naheliegend: Die Texte befassen sich mit bitteren Lebenserfahrungen, nicht selten auch mit dem eigenen Scheitern. Auf Madeira gibt es in Funchal und Água de Pena mehrere Lokale, in denen abends in unregelmäßigen Abständen Fado-Gruppen auftreten. Auch die großen Hotels veranstalten Fado-Abende für ihre Gäste.

Fauna

Die gute Nachricht gleich vorweg: Es gibt auf dem Madeira-Archipel keine gefährlichen und keine giftigen Tiere, sieht man einmal von der nur auf der unbewohnten Insel Deserta Grande lebenden Spinne Geolycosa ingens ab, die mit ihrer Länge von gut vier Zentimetern die größte bekannte Wolfsspinnenart ist. Wanderer müssen im Wald auch keine Schlangen befürchten. Nicht einmal Wild gibt es. Man trifft nur auf flinke Ziegen, die manchmal den Weg kreuzen, auf Rebhühner, Wachteln und Kaninchen, die der Legende zufolge nach ihrer Einfuhr erst einmal die Insel Porto Santo leergefressen haben sollen. Die einzigen Kriechtiere sind winzige Eidechsen *(lagartixa)*, die nicht wie in anderen südlichen Gefilden gehätschelt werden, weil sie Insektenvertilger sind. Madeiras Bauern mögen die Eidechsen nicht, weil sie alljährlich für erhebliche Schäden in den Weinbergen sorgen. In der Luft schwirren um die 1000 Insektenarten, unter ihnen die lästigen, aber hier keine Malaria übertragenden Moskitos, Schmetterlinge in reicher Vielfalt, 200 Vogelarten, unter ihnen der grüne Kanarienvogel, von dem auch der »Harzer Roller« in heimischen Käfigen abstammt, und schließlich die Fledermaus, die zu den Ureinwohnern Madeiras gehören soll.

Fischfang

Eigentlich sind die Gewässer um den Madeira-Archipel herum keine reichen Fischgründe. Der Grund liegt darin, daß die Inselgruppe die Spitze eines Gebirges mit steil abfallenden Flanken ist und die schnell erreichte Meerestiefe von 2000 bis 4000 Meter kein geeigneter Lebensraum für die bekannten Fischarten ist. Trotzdem gibt es auf Madeira eine beachtliche Fischfangflotte, in deren Netze jene Fische gehen, die den Schelf der Inselgruppe auf ihrer Wanderschaft zwischen Fortpflanzungs- und Nährstoffgebiet queren. So gibt es Thunfisch, Degenfisch *(peixe espada)* Schwertfisch, Makrele, Sardine, Marlin, Hai, Papageienfisch (als *bodião* auf den Speisekarten zu finden), Barsch, Brasse, Barbe und viele andere mehr. Ungefähr 250 Fischarten sind gezählt worden. Im Meer geerntet werden Krustentiere. Dabei ist die Napfschnecke *lapa* eine besondere Spezialität. Sie lebt auf den wellenumtosten Klippen. Schließlich läßt sich auf Madeira eine verbreitete Fischart finden: Im kalten, wasserstoffreichen Fluß Ribeiro Frio, der durch das gleichnamige Naturschutzgebiet fließt, gibt es eine Forellenzucht. Die jungen Tiere werden dann in anderen Bächen der Insel ausgesetzt. Deshalb steht auf vielen Speisekarten: *truta* – Forelle.

Flora

Madeira ist ein riesiger phänomenaler Garten mit einem Pflanzenreichtum, der wohl nur noch von den schönsten Flecken in erhaltenen Regionen des Regenwaldgürtels rund um die Welt übertroffen werden kann. Im »schwimmenden Garten im Atlantik«, wie die Insel auch genannt wird, ist ganzjährig Blütezeit. Eine der 760 auf der Insel vertretenen Arten aus 112 Pflanzenfamilien entfaltet garantiert gerade ihre Blütenblätter. Im Frühjahr sind das Aloe, Besenginster, Kamelie, Orchidee, Passions- und Trompetenblume; im

Frühsommer Kalla, Chrysantheme, Frangipani, Jacaranda, Klivie, Magnolie, Mittagsblume, Oleander, Rose; im Spätsommer Bella-donna-Lilie, Hortensie; im Herbst und Winter Rechenlilie, Venusschuh und Weihnachtsstern. Ganzjährig sorgen Ballonrebe, Bougainvillea, Flamingoblume, Glockenmalve, Hibiskus und Strelitzie für leuchtende Farben auf der Insel. Besonders die Strelitzie ist fast so etwas wie ein Markenzeichen für Madeira und seine Schnittblumenzucht geworden. Zehntausende von Urlaubern nehmen sie fluggerecht verpackt mit nach Hause. Dabei gehört die Strelitzie nicht einmal zu den knapp 20 Prozent einheimischen, der Biologe sagt: endemischen, Pflanzen des Archipels. 1778 war die charakteristische Blume nach Europa und Madeira aus Südafrika eingeführt worden. Vier Jahre vorher hatte der Botaniker und Gärtner Andreas Auge, ein Angestellter der britischen Ostindien-Kompanie, die bis dahin namenlose Blume im noch heute berühmten Botanischen Garten von Kapstadt getauft – und zwar auf den Namen Strelitzia reginae. Seine Namenswahl war eine Ehrung für Königin Charlotte Sophie von Mecklenburg-Strelitz, die Ehefrau von Englands König Georg III. Die Strelitzie, die übrigens sehr haltbar ist, hat eine vogelkopfähnliche Blüte, weshalb sie im Deutschen auch gern Paradiesvogelblume genannt wird. Zur Vegetation auf Madeira gehört auch der einst radikal abgeholzte Lorbeerwald (botanischer Name: Laurisilva), der – soviel man weiß – die ursprüngliche Vegetation Madeiras war. Heute steht der Lorbeerwald unter Naturschutz. Er bedeckt eine Fläche von etwa 10 000 Hektar. Im Laurazeenwald wachsen Stinklorbeer *(Til)* und Madeira-Mahagoni *(Vinhático)*. Es gibt aber auch Wacholder, Baumheide und den Maiblumenbaum. Oberhalb des Laurazeenwaldes, der bis in eine Höhe von 1500 Metern wachsen kann, dominiert der Eukalyptuswald. Deshalb ist eine Spezialität auf Madeira auch das Eukalyptusbonbon, das meist in kleinen Tüten ohne große Werbeaufschrift verkauft wird.

Früchte

Stellen Sie sich Madeira als die Obstabteilung des Schlaraffenlandes vor. Neben den auch bei uns bekannten Früchten wie Äpfel, Brombeeren, Birnen, Erd- und Heidelbeeren, Kirschen und Melonen gibt es etliche exotische, die man bei uns selbst in Feinkostläden gar nicht so leicht bekommt. Wir wollen ein paar kurz beschreiben. Cherimoya (Reifezeit: November bis April), auf Madeira auch *annona* genannt, kauft man, wenn sie noch fest sind. Dann läßt man sie liegen, bis sie sich mit dem Finger eindrücken lassen. Jetzt schneidet man die Frucht auf und löffelt sie aus. Die Kerne ißt man nicht mit. Zitronensaft oder Madeirawein können den Geschmack verfeinern. Mangos (Reifezeit: September bis Dezember) schält man, um dann das faserige, gelbe Fruchtfleisch vom Kern zu lösen. Achtung: Waschen Sie die Frucht vor dem Schälen, weil sich beim Pflücken ein giftiger Saft vom Stengel über die Schale absondert! Maracujas, deutsch auch Passionsfrüchte genannt (Reife-

Korallenbaum (Erythrina speziosa)

zeit: Juni bis Dezember), schneidet man auf und löffelt das süffige, schmackhafte Fruchtfleisch mitsamt den geleeartigen Kernen aus. Eine Spezialität auf Madeira sind Maracuja-Sirup, den man mit Mineralwasser verlängern kann, und Maracuja-Likör. Papayas (Reifezeit: Mai bis August) schneidet man auf, schabt mit einem Löffel die schwarzgrauen Samen heraus und beträufelt das gelborangefarbene Fruchtfleisch mit viel Zitrone. Tamarillos (Reifezeit: November bis Mai) sind trotz des deutschen Namens »Englische Tomaten« Dessertfrüchte. Die Madeirenser lutschen sie aus, weil die Haut ledrig und ungenießbar ist. Man kann sie aber auch gut halbieren und auslöffeln.

Hängematte

Es gab eine Zeit, so etwa zu Beginn des 17. Jhs., da ließen sich die auf der Insel reich gewordenen Unternehmer von Dienstboten per Hängematte durch die Stadt und zum Kirchgang tragen: *Rede* hieß das für den Benutzer bequeme Fortbewegungsmittel. Es bestand aus einem Stück festem Stoff, dessen Enden wie bei einer Sänfte an Stöcken befestigt waren. Je wohlhabender der Besitzer der *rede* war, desto besser war sie ausgestattet. Sie konnte aus feinbesticktem Tuch und sogar einer kleinen Markise als Sonnenschutz für den Kopf bestehen.

Korbschlittenfahrt

Ein einzigartiges Erlebnis in Funchal ist eine Fahrt mit einem Korbschlitten *(carro de cesto)* vom Monte hinunter in die Stadt. Einst als ernstzunehmendes Nahverkehrsmittel von einem Engländer Namens Russel Manners entwickelt und deshalb auch unter dem englischen Namen *Toboggan* bekannt, ist die Fahrt längst zu einer Touristenattraktion geworden. Man sitzt in einem geflochtenen Weidenkorb auf einer gepolsterten Bank, auf der zwei bis drei Personen Platz haben. Der Schlitten selber saust auf zwei hölzernen Kufen zu Tal. Zwei Männer dirigieren beim Nebenherlaufen die Richtung des Gefährts. Start ist an der Kirche von Monte, zu der man auch mit Linienbussen gelangt, wenn man sich keinem organisierten Ausflug anschließen möchte. Unterhalb der Kirchentreppe stehen die Schlittenführer, *carreiros* genannt. Man erkennt sie an ihren Strohhüten mit Band, die man übrigens auch als Souvenir kaufen kann, und an der weißen Kleidung. Es geht in flotter Fahrt hinab bis zum 2,5 km entfernt liegenden Zwischenhalt an der Kirche Nossa Senhora do Livramento oder ganz hinunter nach Funchal, bis ans Ende der Rua de Santa Luzia. Das sind ca. 4 Kilometer. Die Fahrt dauert 20 Minuten und kostet 2400 Esc. pro Person. Der Korbschlitten war übrigens Madeiras erstes öffentliches Verkehrsmittel.

Levadas

Wasser ist ein öffentliches Gut. Das hat man auf Madeira früh erkannt und schon 1461 in ein Gesetz geschrieben. Da heißt es: »Wir verfügen, daß keiner das Recht, die Mittel oder die Möglichkeit dazu haben soll, die Quellen, weil sie auf seinem Gebiet entspringen, für sich zu nutzen.« Um aber das Wasser der ganzen Insel zugänglich zu machen, legte man die sogenannten Levadas an, die sich über die ganze Insel ziehen und dafür sorgen, daß Madeira auch dort grün ist, wo eigentlich keine Quelle sprudelt. Schon vor Jahrhunderten wurden die Kanäle durch Hügel und an Felsen entlanggeleitet. Die genaue Länge des Kanalsystems hat niemand gemessen. Die lokalen Angaben sprechen von stolzen 3000 Kilometern. Sicher ist, daß man ent-

Korbschlittenfahrt vom Monte nach Funchal

lang der meisten Levadas herrliche Wanderungen machen kann, weil fast überall schmale Versorgungswege neben dem fließenden Wasser verlaufen. Diese Wege heißen *passeios das levadas.* Ein *levadeiro* überwacht vom Frühjahr bis zum Herbst die Zuteilung des Wassers an die Gärten und Ländereien; er ist auch für die Säuberung der Kanäle zuständig.

Madeirawein
Da kann fast jeder mitreden, auch der, der mit dem Finger auf der Landkarte nicht zu zeigen vermag, wo denn dieses Madeira eigentlich liegt. Ein Gläschen Madeira in Ehren kann niemand verwehren. Und kein Reiseführer unterschlägt, daß sogar der große William Shakespeare dem Madeirawein in seinem Drama »Heinrich IV.« ein Denkmal setzte. Er ließ seinen Falstaff über einen Saufkumpan spotten, es sei »der Schurke Bardolph mit seiner vom Malvasia-Wein geröteten Nase«. Nun lassen wir mal den mäklerischen Hinweis, daß der historische Heinrich IV. schon 1413 starb, Heinrich der Seefahrer die Malvasia-Traube aber erst später aus Kreta nach Madeira bringen und dort anpflanzen ließ. Das ist etwas für Schulmeister. Fakt ist, daß die Malvasia-Traube den bekanntesten Madeirawein hergibt. Seltener sind die Bual-, die Sercial- und die Verdelho-Traube zu finden. Zur Unterscheidung: Bual, halbdunkel bis dunkel, schmeckt fruchtig und sehr aromatisch. Malvasia schmeckt nach der Traube und ist süß und schwer. Sercial, von blasser Farbe, hat einen trockenen Charakter. Und Verdelho, von goldener Farbe, ist mitteltrocken. In jedem Fall ist der Madeira, der in guten Vintage-Abfüllungen über 25 Jahren gelagert haben muß, kein Wein zum Essen. Die Faustregel besagt, daß man einen Sercial oder Verdelho als Aperitif trinken kann, einen Bual zum Dessert und einen Malvasia als Krönung zum Abschluß eines Menüs. Zum Essen selber wird man auf Weine vom portugiesischen Mutterland zurückgreifen, etwa auf einen spritzigen Vinho verde.

Piraten
Bis tief ins 19. Jh. haben Seeräuber auf allen Weltmeeren Angst und Schrecken verbreitet. Besonders anfällig für Freibeuter waren traditionsgemäß Inseln. Madeira und Porto Santo machten da keine Ausnahme. Doch frühzeitig, bereits Anfang des 15. Jhs. entwickelten die Bewohner ein ausgetüfteltes Warnsystem. Da die Seeräuber meistens aus Norden oder Westen kamen, sahen die Menschen auf Porto Santo sie zuerst. Sie entzündeten dann riesige Holzstöße, um die Bewohner Madeiras zu warnen. Dort kam die Warnung bei Spähern auf der Kuppe eines 329 m hohen Berges bei Machico an, der deshalb bis heute den Namen *Pico do Facho* trägt: Fackelberg. Denn mit kleineren Feuern und Fackeln gaben die Späher die Warnung aus Porto Santo weiter. Trotzdem kam es immer wieder zu Piratenübergriffen. Nicht jede Bucht konnte durch Festungen geschützt werden; und der sprichwörtliche Reichtum der Madeirenser lockte selbstverständlich freibeuterische Glückssucher.

Die Marco Polo Bitte

Marco Polo war der erste Weltreisende. Er reiste in friedlicher Absicht, verband Ost und West. Er wollte die Welt entdecken, fremde Kulturen kennenlernen, nicht zerstören. Könnte er für uns Reisende des 20. Jahrhunderts nicht Vorbild sein? Aufgeschlossen und friedlich sollte unsere Haltung auf Reisen sein. Dazu gehören auch Respekt vor Mensch und Tier und die Bewahrung der Umwelt.

Sprache

Die Bewohner des Madeira-Archipels sprechen Portugiesisch, allerdings behaupten die Bewohner des Festlandes, daß sich die Insulaner viel langsamer und behäbiger ausdrücken. Trotzdem wird man gerade außerhalb von Funchal, wo sogar bisweilen Deutsch verstanden wird, besonders freundlich reagieren, wenn Sie mit ein paar Brocken Portugiesisch versuchen, die Fremdheitsbarriere zu brechen. Danach kommen Sie meistens mit Englisch, mit Mimik und Gestik ganz gut weiter.

Stickerei

Es gibt eine 3,50 $-Briefmarke auf Madeira, auf der eine in bunte Tracht gekleidete Madeirenserin in einem Korbstuhl sitzt und an einer Stickerei arbeitet. Auf ihrem Gesicht liegt ein Lächeln; sie macht einen zufriedenen Eindruck. Die Briefmarke unterstützt das Vorurteil vieler Reisender: daß die Stickerei so etwas wie die Freizeitbeschäftigung der Frauen auf Madeira ist. Irrtum! Für die *bordadeiras,* wie man die Stickerinnen auf der Insel nennt, ist ihr Handwerk harte und nicht einmal besonders gut bezahlte Arbeit. Es heißt, daß die gewerbsmäßige Stickerei auf die Engländerin Elisabeth »Bella« Phelps zurückgeht. Das englische Fräulein, Tochter des Weinhändlers und Schulleiters Joseph Phelps, kümmerte sich um die Mitte des letzten Jahrhunderts um ein Waisenhaus in Santana, wo sie die Mädchen in der Kunst feiner englischer Stickerei unterwies. Nach 1890 sorgten dann besonders deutsche Händler für einen Aufschwung des Stickerei-Exports nach Deutschland, Frankreich und sogar nach Amerika. Heute sind die Stickereien ein beliebtes Mitbringsel von der Insel – und das zu Recht, denn die Tischwäsche, Nachthemden und Morgenmäntel sind von zarter Schönheit und kosten auf Madeira erheblich weniger als im Laden daheim. Und man kann absolut sicher sein, eine wirkliche Handarbeit und kein Maschinenprodukt aus Fernost in Händen zu halten.

Tracht

Das Brauchtum halten auf Madeira gerade die jungen Menschen besonders hoch. Folkloregruppen in Boa Nova, Camacha, Livramento und Ponta do Sol haben keine Nachwuchssorgen. Man pflegt die Tradition in Gesang, Musik und Tracht – und wird nicht müde, sie zu offiziellen Festtagen auch zu zeigen. Dabei tragen die Männer einen weißen oder braunen Anzug, den in der Taille meistens eine rote Schärpe gürtet. Den Kopf bedeckt man mit einer *carapuça.* Das ist entweder die braune Strickmütze mit Ohrenklappen, die man auch immer wieder im alltäglichen Stadtbild von Funchal sieht, oder die feinere blaue Kappe mit einem hochstehenden Bommel. Frauen tragen weite, rote Wollröcke mit weißen Blusen. Dazu werfen sie sich ein meistens dezent besticktes, manchmal auch buntes Tuch über die Schultern. Diese hübsche Damentracht wird immer noch von den Blumenverkäuferinnen getragen, die an jeder Straßenecke von Funchal stehen. Männer mit traditionellem Gewand sieht man bei den Korbschlittenfahrern von Monte, dem Villenvorort Funchals in 600 m Höhe, die einen talwärts in die Stadt bringen. Sie sind seit 1931 gesetzlich verpflichtet, die Schlitten und ihre Fahrgäste in traditioneller Kleidung vom Monte hinunter nach Funchal zu bringen.

Zuckerrohr

Durch den Anbau von Zuckerrohr erlebte Madeira schon wenige Jahre nach der Inbesitznahme der Insel, also ab etwa 1425, einen ersten wirtschaftlichen Aufschwung. Madeira nimmt für sich in Anspruch, den Zucker, der vorher nur zu medizinischen Zwecken eingesetzt worden war, als Süßmittel durchgesetzt zu haben. Das Zuckerrohr ist ein schilfartiges Gras, das bis zu neun Meter hoch werden kann. Geerntet wird im März und April. Heute ist die Bedeutung der Zuckerproduktion auf Madeira stark zurückgegangen. Man baut das Zuckerrohr eigentlich nur noch an, um den lokalen Rum *Madeira aguardente* und den zum Backen und Kochen zu verwendenden Sirup *Mel de açúcar* herzustellen. Zucker in Form eines Kegels, auch Zuckerhut genannt, wie er früher in blaues Papier gewickelt auf den Markt gebracht wurde, gibt es nur noch selten. An die einstige Blüte der Zuckerherstellung erinnern noch die fünf Zuckerhüte im Stadtwappen Funchals.

Junge und alte Menschen tragen auf Madeira noch Tracht

Qual é a especialidade da casa, faz favor?

Die Antwort darauf, was denn bitte die Spezialität des Hauses sei, ist nicht immer einfach. Aber Sie sollten die Frage stellen

Um ehrlich zu sein: Ich konnte es am Anfang nicht glauben, daß diese so knackigen Gemüse, die ich eben noch in der nach allen Gewürzen der Welt duftenden Markthalle von Funchal in Dutzenden von Weidenkörben gesehen hatte, jetzt so schlapp, farblos und fast geschmacksneutral vor mir auf dem Teller lagen. Wenn Reisen bildet, dann lernte ich in diesem Moment, daß der Koch des Restaurants, in dem ich gerade zu Mittag aß, die großartige Gemüsevielfalt Madeiras nicht zu würdigen wußte. Leider ist er kein Einzelfall. In vielen Gasthäusern kommt Gemüse (und dazu gehören auch in den meisten Fällen Kartoffeln) als fade, zerkochte »Sättigungsbeilage« auf den Tisch. Doch damit wollen wir den negativen Aspekt der Küche auf Madeira auch gleich abhaken. Denn es gibt eine Menge Feines zu entdecken, wenn man auf Madeira essen und trinken will.

Zum Frühstück *(pequeno almoço)* nimmt man meistens nur einen Kaffee und *uma torrada,* das ist ein gebutterter, warmer Toast. Will man auf die Butter verzichten, so muß man es sagen: *sem manteiga.*

Das Mittagessen *(almoço),* in früheren Zeiten eher ausgelassen und durch ein Picknick auf dem Feld oder in den Plantagen ersetzt, hat durch den Tourismus an Bedeutung gewonnen. Die meisten Restaurants in den touristischen Hochburgen bieten schon mittags, meist sogar ab 12 Uhr, ihre komplette Karte an. Fragen Sie ruhig einmal nach der Spezialität des Hauses (oder des Tages): *Qual é a especialidade da casa (do dia)?* Man wird es Ihnen freundlich sagen.

Zum Abendessen (*jantar,* nicht zu verwechseln mit dem Abendmahl: *ceia*) gehen die meisten Madeirenser erst gegen 21 Uhr. Geöffnet haben die Gasthäuser –

Das Obst- und Gemüseangebot in der Markthalle von Funchal erfreut Augen und Gaumen gleichermaßen

auch eine Verbeugung vor den internationalen Gästen – aber meist schon ab 19 Uhr. Allerdings kann es passieren, daß Sie dann auf komplizierte Hauptgänge doch etwas warten müssen, weil die Küche noch nicht richtig vorbereitet ist.

Man unterscheidet die Zubereitung von Fisch und Fleisch, zu dem es dann meist Gemüse oder besser einen knackfrischen gemischten Salat gibt, wie folgt: *frito* ist gebraten, *grelhado* gegrillt, *cozido* gekocht und *assado* geschmort. Insgesamt kann man sagen, daß die angebotenen Speisen immer noch sehr unter englischem Einfluß stehen, obwohl es auch eine Reihe eigenständiger madeirensischer Gerichte gibt.

Da gerade Madeiras Spezialitäten oftmals auf den meist mehrsprachigen Speisekarten nicht übersetzt werden, wollen wir hier die wichtigsten kurz erklären, damit Sie sie schnell finden, wenn Sie dies für Ihre Bestellung brauchen.

Amêijoas na cataplana: Etwas gewöhnungsbedürftig ist diese Mischung aus Muscheln, Wurst und Schinken.

Bacalhau: Der Stockfisch, den es in fast jedem Lebensmittelladen der Insel gibt, schmeckt nur,

Getrockneter Fisch – eine Spezialität

wenn er in einer würzigen Soße angemacht ist. Viele Restaurants übersetzen den salzigen, getrockneten Fisch auf ihrer Speisekarte mit Kabeljau.

Bolo de mel: Wörtlich heißt das Honigkuchen. Er wird allerdings heute mit dem *mel da cana,* also mit dem Melassesirup des Zuckerrohrs, hergestellt. Einst nur zu Weihnachten gebacken, gibt es den wie weiche Lebkuchen schmeckenden *bolo de mel* inzwischen ganzjährig. Denn es hat sich herausgestellt, daß Touristen ihn auch gern als Souvenir mitnehmen.

Bolo de caco: Das Fladenbrot aus Mehl und zerdrückten gekochten und gepellten Süßkartoffeln serviert man auf dem Lande als Beilage zu traditionellen Gerichten.

Bolo rei: Den Hefekuchen mit kandierten Früchten ißt man traditionell am Tag der Heiligen Drei Könige. Dazu trinkt man Rotwein.

Caldeirada de peixe: In den der französischen Bouillabaisse nicht unähnlichen Fischeintopf kommen Meeresfrüchte der Saison und viele Tomaten.

Caldo verde: Die Kohlsuppe mit hineingeschnittenen Würstchenstücken *(chouriço)* gilt als Nationalsuppe Portugals.

Carne e vinho e alhos: In jungem Landwein, Lorbeerblättern, Pfefferkörnern und Knoblauch marinierte Schweinefleischstückchen werden kurz gebraten.

Cozido: Der Phantasie sind bei diesem Fleisch- und Wursteintopf keine Grenzen gesetzt. Leider bekommt man das deftige Gericht nur selten in Restaurants.

Espetada: Der Spieß mit saftigen Ochsenfleischstückchen wird über offenem Holzkohlefeuer gegrillt. Das Nationalgericht Madeiras wird in Restaurants von der Decke hängend oder an hohen Ständern auf dem Tisch serviert. Früher nahm man als Spieß nur Zweige des Lorbeerbaumes, weil auch das Fleisch hauptsächlich mit Lorbeer gewürzt wird.

Milho cozido: Der gekochte Maisbrei ist das Alltagsessen der einfachen Leute.

Peixe espada: Den schuppenlosen schwarzen Degenfisch (nicht zu verwechseln mit dem Hornhecht *peixe agulha*) dünstet man mit Tomaten, Zwiebeln und Knoblauch oder mit Bananen.

Prego no prato: Wenn Sie – so die wörtliche Übersetzung – den Nagel auf dem Teller bestellen, bekommen Sie ein Beefsteak.

Sopa de tomate com cebola: Sorgfältig zubereitet, d. h. mit abgezogenen Tomaten und sehr klein gehackten Zwiebeln, ist diese Suppe eine Offenbarung. Meistens wird sie mit einem verlorenen Ei serviert *(com ovo),* das man allerdings auch abbestellen *(sem ovo)* kann. Die Qualität der Tomatensuppe, für die Madeira berühmt ist, unterscheidet sich von Restaurant zu Restaurant sehr. Ein Tip: Schauen Sie erst einmal auf den Nebentisch, ob man im Teller vor lauter grob gehackten Zwiebeln überhaupt noch etwas rote Tomate erkennen kann.

Die Blumeninsel Madeira ist auch eine Gewürzinsel. Damit Sie auf dem Markt und im Restaurant erkennen können, was man Ihnen anbietet, hier eine kleine Übersicht:

alecrim – Rosmarin
alfavaca – Basilikum
alho – Knoblauch

borragem – Borretsch
coentro – Koriander
erva cidreira – Melisse
funcho – Fenchel
hortelã – Pfefferminze
louro – Lorbeer
macela – Kamille
oregão – Oregano
pimenta – Pfeffer
pimento – Paprika
rosmaninho – Rosmarin
sal – Salz
salsa – Petersilie
salva – Salbei

Zum Essen trinkt man meistens Weine vom portugiesischen Festland. In Spitzenrestaurants gibt es auch Weine aus Spanien, Italien und Frankreich, die allerdings meist überteuert und nicht sonderlich gepflegt sind. Außerdem kann man Bier bekommen, wobei das portugiesische Bier *(cerveja nacional)* deutlich preiswerter als das importierte ausländische *(cerveja estrangeira)* ist. Bier vom Faß heißt *cerveja de barril,* Fruchtsaft *sumo de fruta,* Mineralwasser *água mineral,* selbiges mit Kohlensäure *água mineral gasosa.*

Einige Getränke gibt es so nur auf dem Madeira-Archipel. Vielleicht wird eines davon Ihr Lieblingsgetränk:

Chá de limão: Für den Zitronentee überbrüht man Zitronenschale mit sehr heißem Wasser.

Pé de cabra: Der – so wörtlich übersetzt – Ziegenfuß besteht aus süßem Madeirawein mit Dunkelbier, Eigelb, Orangeade und Zucker.

Pescoço de galo: Der – ebenfalls wörtlich übertragen – Hahnenhals wird zu gleichen Teilen aus Bier, Orangeade und Wein gemacht.

Poncha: Für das Getränk mischt man Rum, Honig und Zucker.

Das Kaffeetrinken wird auf Madeira zu einer großen Kunst erhoben. Es gibt etliche Möglichkeiten, das aromatische, braune Getränk zu sich zu nehmen. Hier ein Überblick:

bica – schwarzer Kaffee (Espresso)
café branco – Milchkaffee
café grande – schwarzer Kaffee in einer großen Tasse
carioca de café – kleiner schwarzer Kaffee mit Wasser verdünnt
carioca de limão – Zitronentee in einer kleinen Tasse
chinesa – Milchkaffee in einer großen Tasse
cortado – Kaffee mit süßem Madeirawein und Zitronenschale
quentinha – eine Mischung aus Kaffee, Zuckerrohrschnaps, Zitronenschale und Honig
um galão – ein großes Glas Kaffee mit Milch

Vinho Verde

In allen Gasthäusern des Madeira-Archipels gibt es die gerade an heißen Tagen so erfrischende Köstlichkeit mit Namen Vinho Verde. Wörtlich übersetzt heißt das: grüner Wein. Doch das Verde steht auch für jung, spritzig, frisch. Dieser junge Wein gedeiht nur auf dem portugiesischen Festland. Es gibt ihn in rot, rosé und weiß. Er ist sehr lebendig, hat einen hohen Säuregehalt und enthält nicht viel Alkohol. Serviert wird der trockene *(seco)* oder süße *(doce)* Wein gekühlt *(fresco)* oder in Zimmertemperatur *(natural).*

Arbeit auf dem Kartoffelfeld

um garoto – eine kleine Tasse Kaffee mit einem Spritzer Milch

um meio galão – ein kleines Glas Kaffee mit Milch.

Damit Sie sich beim Essengehen ein bißchen in der Landessprache verständlich machen können und vielleicht besonders nett bedient werden, haben wir noch ein paar typische Formulierungen zusammengestellt, die Ihnen immer wieder begegnen:

Kann man im Hotel essen? – *Pode-se tomar as refeições no hotel?*

Ist in der Nähe ein Restaurant? – *Há um restaurante aqui perto?*

Ich möchte etwas essen. – *Queria comer alguma coisa.*

Haben Sie einen Tisch frei? – *Tem uma mesa livre?*

Herr Ober! – *Faz favor!*

Was wünschen Sie? – *Quê deseja?*

Bringen Sie mir bitte die Speisekarte. – *Traga-me a ementa, se faz favor.*

Machen Sie mir den Salat mit Olivenöl und Essig an! – *Tempere-me a salada com azeite e vinagre!*

Wie möchten Sie das Fleisch haben? – *Como quer a carne?*

nicht durchgebraten – *mal passada*

gut durchgebraten – *bem passada*

Was trinken Sie? – *Quê quer tomar?*

Geben Sie mir die Weinkarte! – *Traga-me a lista dos vinhos!*

eine Flasche roter Tischwein – *uma garrafa de vinho tinto*

ein Glas Weißwein – *um copo de vinho branco*

noch ein Glas! – *outro copo!*

ein bißchen Wasser – *um pouco de água*

Ich kann das nicht essen. – *Não posso comer isto*

Nehmen Sie es bitte zurück! – *Leve-o, se faz favor!*

Die Suppe ist kalt. – *A sopa está fria.*

Das Fleisch ist hart. – *A carne é dura.*

Waren Sie zufrieden? – *Ficou satisfeito?*

Die Rechnung, bitte! – *A conta, se faz favor!*

Nun wollen wir Ihnen guten Appetit wünschen *(bom proveito)* und Prosit sagen *(à sua saúde!)* und schnell noch darauf hinweisen, daß ein Anstoßen der Gläser, außer bei ganz hohen Festlichkeiten, in Portugal nicht üblich ist.

Stich für Stich ein Schnäppchen

Stickereien gehören zu den beliebtesten Mitbringseln. Aber Sie können auch viele andere Dinge mit nach Hause bringen

Ein Schnäppchen, *uma oferta especial,* also: ein Sonderangebot, läßt sich auf Madeira allemal finden, allerdings nicht bei jedem erstbesten, der einem an der Straßenecke eine echte Madeira-Stickerei andrehen will. Seien Sie auf der Hut, wenn man Ihnen weismachen will, daß ausgerechnet die zwischen Tür und Angel angebotene Tischdecke mit den sechs Servietten eine Okkasion sein soll. Meistens bekommen Sie die für Madeira typischen Stickereien in den Geschäften günstiger. Manche gewähren gestaffelte Rabatte, je nachdem wieviel Sie kaufen. Auf alle Fälle haben Sie hier eine größere Auswahl und die Gewißheit, »echt Madeira« zu kaufen – Sie können dies selbst an der kleinen Bleiplombe erkennen. Kostspielig ist sie dennoch, diese präzise, wunderschöne Handarbeit. Daß der eine oder andere kleine Fehler zu finden sein mag, weist lediglich die originale Handarbeit aus. Wer Madeira ohne bestickte Tischwäsche, Taschentücher, Nachthemden oder Morgenmäntel verläßt, ist selber schuld. Zumal die meisten Arbeiten mit ihrer Kombination aus Weiß und dezenten Blumenornamenten sehr geschmackvoll sind. Wer da noch auf die üblichen Scheußlichkeiten – Funchal in der Schneekugel, Original-Fischer aus Pappmaché, Plastikfächer mit dem Schriftzug »Greetings From Madeira« – zurückgreift, dem ist nicht zu helfen.

Also, zuallererst: Madeiras Stickereien, die sogar Eingang in die Dichtung der Insel gefunden haben. Der Poet Leandro Jardim schrieb in seinen »Gestickten Gesängen«: »Sie gibt ihre Seele dem Reif, / hält ihn und dreht ihn. / Sie stickt. / Bis der Blick verschwimmt. / Sie schließt den Kreis, / kommt an den Punkt, / Stich für Stich.«

Es gibt aber auch noch anderes einzukaufen, durch das man sich, zurückgekehrt, gern an seinen Inselaufenthalt erinnert. Der Stickerei immerhin wesensverwandt ist die Gobelin-Herstellung, die übrigens der Deutsche Herbert Kiekeben im Jahre 1936 auf der Insel zu vermarkten begann. Heute gibt es die »gestick-

Aus den biegsamen Weidenruten werden schöne Dinge hergestellt

ten Bilder« in allen Größen und vielen Farben zu kaufen. Über 2500 Farbtöne werden verarbeitet. Man kann Landschaften und Porträts ebenso erstehen wie Kopien großer Meister (»Mona Lisa«, »Der Mann mit dem Goldhelm«).

Sogar die Hobby-Gobelin-Stickerin wird bedient. In Geschenkpackungen gibt es das nötige Handwerkszeug vom Wollfaden bis zu trassiertem Stramin, auf den bereits ein Motiv durchgepaust ist.

Insgesamt gibt es auf Madeira über 50 Stickerei-Manufakturen für Spitze und Gobelins, die zum Teil noch an ihrem angestammten Platz in prachtvollen Häusern aus der Jahrhundertwende sitzen. Adressen findet man in den gelben Seiten des Telefonbuchs unter *Bordados Regionais* (Stickereien). Die Familie Kiekeben gehört übrigens immer noch zu den wichtigen Gobelinlieferanten. Auch Prominente wie die englische Prinzessin Diana oder der ehemalige amerikanische Präsident Ronald Reagan gehörten zu den Besuchern und Kunden in der Kiekeben-Fabrikation an der Rua Curreira 194 in Funchal (ein Ladengeschäft gibt es übrigens noch im *Hotel Savoy*). Wer sich anmeldet *(Tel. 22 20 73)*, bekommt eine Betriebsführung.

Neben den Stickereien als Souvenirs besonders beliebt sind auch die Korbwaren aus geflochtener Weide, wie sie hauptsächlich aus Camacha kommen.

Alte Weinhandlung D'Oliveiras

Vimes heißt die Kunst des Korbflechtens auf Madeira. Man muß ja nicht gleich Gartentisch und -stühle einkaufen; ein Picknick- oder Wäschekorb tut's fürs erste auch – und beides nimmt der Charterflieger mit.

Um sich richtig abzusichern, sollte man darauf achten, daß Kunsthandwerk wie Stickerei, Gobelin oder Korbflechterei das Gütesiegel des »Instituto de Borbados, Tapeceria e Artesanato de Madeira« (I.B.T.A.M.) trägt. Es bürgt für handgemachte Qualität.

Mitbringenswert sind auch die ledernen Madeirastiefel, *botas da Madeira,* die für ihre Bequemlichkeit und Haltbarkeit bekannt sind, wenn man sich gleich beim Schuster eine zweite Sohle daruntersetzen läßt. Auch die aus der ursprünglichen Tracht entwickelten Schafwollmützen der Männer sind ein originelles Mitbringsel. Sie haben Ohrenklappen, die – da sie auch im Sommer aufgesetzt werden – bei Wärme hochgebunden getragen werden, und einen lustig-zotteligen Pompon am Hinterkopf. Diese *carapuças* sind am schönsten, wenn sie in den Erd- und Naturfarben der Insel gestrickt werden.

Selbstverständlich gehört auch der Madeirawein zum Souvenirangebot. Außerdem kann man sich am letzten Tag seiner Reise mit fluggerecht verpackten Blumen eindecken, mit Orchideen oder den im 18. Jahrhundert zwar aus Südafrika eingeführten, aber für Madeira so typischen Strelitzien. Auch ein bißchen exotisches Obst, frisch oder kandiert, paßt meistens noch ins Handgepäck.

In den Geschäften gelten meistens Festpreise. Doch gerade Betriebe, die Inseltypisches wie Stickereien anbieten, geben großzügig Rabatte, wenn größere Mengen abgenommen werden. Die Öffnungszeiten sind meistens Mo–Fr 9–13 und 15 bis 19 Uhr, Sa 9–13 (im Dezember auch 15–19) Uhr. Die beiden großen Einkaufszentren in Funchal sind jeden Tag von 10 bis 22 Uhr geöffnet, auch am Sonntag. Man findet das *Centro Comercial Infante* an der *Avenida Arriaga 75* und das *Centro Comercial da Sé* an der *Rua António José Almeida 4.* Einen Flohmarkt gibt es in Funchal an jedem ersten Wochenende eines Monats auf der *Praça da Restauração* gegenüber dem Zarco-Denkmal.

Damit Sie sich in den Geschäften, in denen man es übrigens – anders als in anderen südlichen Ländern – gar nicht so gern sieht, wenn Sie um den Preis feilschen, verständlich machen können, haben wir ein paar wichtige Vokabeln zusammengestellt:

Wer bedient hier? – *Quem me atende?*
Zeigen Sie mir ...! *Mostre me ...!*
Wieviel kostet ...? – *Quanto custa ...?*
Haben Sie ...? – *Tem ...?*
das Stück – *um, uma*
ein Pfund – *o meio quilo*
100 Gramm – *cem gramas*
Das ist zu teuer. – *É demasiado caro.*
Darf ich es anprobieren? – *Posso provar?*
Wo ist die Kasse? – *Onde fica a caixa?*
Verpacken Sie es bitte gut! – *Faça uma boa embalagem, se faz favor!*
Kann ich es umtauschen, wenn es mir nicht paßt? – *Se não me assenta, posso trocar?*
Können Sie es ins Hotel schikken? – *Pode mandar ao hotel?*

Funkensprühend ins neue Jahr

Der Dezember mit Weihnachten und Silvester ist für die Menschen auf Madeira zwar der wichtigste Feiermonat, aber auch übers Jahr lassen sie nicht gern ein Fest aus

Ein Gegensatz ist das nicht: Die Menschen auf Madeira arbeiten hart und viel, erlauben sich aber auch, viel und gern zu feiern. Dabei bestimmen religiöser und weltlicher Kalender gleichermaßen die Feiertage. Höhepunkt eines jeden Jahres ist fraglos der Dezember. *A Festa,* das Fest, nennen die Madeirenser untertreibend das, was sich von der Vorweihnachtszeit über Silvester bis zum Dreikönigstag in und um Funchal abspielt und, wenn man es genau nimmt, eine Unterbrechung durch Arbeit gar nicht gut verträgt. Vom 8. Dezember an beginnt man sich auf Weihnachten vorzubereiten. Man sät Samen von Linsen, Mais und Weizen, die bis zum Heiligabend dann so weit getrieben haben müssen, daß ihre Schößlinge zur Dekoration der Krippe genutzt werden können. Außerdem muß ein Schwein gemästet werden, das den traditionellen in Wein und Knoblauch eingelegten Weihnachtsbraten liefert. Der *bolo de mel,* ein Honigkuchen aus Früchten, Gewürzen und Sirup, wird auch schon gebacken.

Ab dem 18. Dezember erstrahlen dann in ganz Funchal und Umgebung über 500 000 Lichter. Auf offener Straße gibt es Aufführungen und Tanzveranstaltungen. Man ist ausgelassen und fröhlich, weil man den bei uns eher besinnlichen Advent als das betrachtet, was die Kirche eigentlich ja gewollt hat: als Zeit der Vorfreude auf die Ankunft des Christuskindes. 24 Stunden vor dem Heiligabend macht man in Funchal die Nacht zum Tage. Sogar der Markt von Funchal bleibt rund um die Uhr geöffnet. Am 24. Dezember, nachdem die Kinder ihre Schuhe für die Geschenke von Santa Claus unter den Schornstein gestellt haben, geht es zur Mitternachtsmesse in die Kathedrale. Der 25. Dezember wird im kleinen, der 26. bei den Verwandten im großen Familienkreis begangen.

Der absolute Höhepunkt des Jahres ist dann aber die ★ Silve-

In der Silvesternacht gibt es in Funchal ein großartiges Feuerwerk

MARCO POLO TIPS FÜR FESTE

1 Carnaval
Der Karneval ist bunt und prächtig (Seite 37)

2 Festa do Vinho Madeira
Beim Weinfest können Sie selbst Trauben stampfen (Seite 37)

3 Noite de São Silvestre
Silvester scheint der Himmel über Funchal zu explodieren (Seite 35)

4 Festa do Senhor
Am Fest des Herrn lodern in den Bergen Feuer (Seite 37)

5 Festa da Flor
Die Insel feiert ihre Blütenpracht (Seite 37)

6 Espírito Santo
An Pfingsten werden nicht nur die Ochsen geschmückt (Seite 37)

sternacht. Ab 23 Uhr findet in Funchal das wohl berühmteste Feuerwerk der Welt statt. Von überall her kommen Kreuzfahrtschiffe, um ihren Passagieren die meisterliche Pyrotechnik der Madeirenser zu präsentieren. Um Mitternacht begrüßt dann ein vielstimmiges Schiffssirenenkonzert das neue Jahr, in das die Bürger Funchals, die in dieser Nacht jedes Fenster in ihrem Haus beleuchtet haben, mit Trompeten und Jubel einstimmen. Mit funkensprühender, strahlender Helligkeit wünscht man sich und jedem Fremden *um feliz Ano-Novo,* ein glückliches neues Jahr.

GESETZLICHE FEIERTAGE

1. Januar: *Ano-Novo* – Neujahrstag

Phantasievolle Verkleidungen beim Karneval in Funchal

Freitag vor Ostern: *Sexta-feira Santa* – Karfreitag
25. April: *Dia de Portugal* – Tag der Revolution
1. Mai: *Dia do Trabalho* – Tag der Arbeit
10. Juni: *Dia de Camões* – Gedenktag des Nationaldichters Luís Vaz de Camões, Nationalfeiertag
Juni: *Corpo de Deus* – Fronleichnam
15. August: *Assunção* – Mariä Himmelfahrt
5. Oktober: *Dia da República* – Tag der Republik
1. November: *Todos-os-Santos* – Allerheiligen
1. Dezember: *Restauração* – Tag der Unabhängigkeit
8. Dezember: *Imaculada Conceição* – Mariä Empfängnis mit Beginn der Weihnachtsvorbereitungen
25. Dezember: *Natal* – Weihnachten

KIRCHLICHE INSELFESTE

Viele der Feste auf Madeira und Porto Santo sind aus Kirchspielen zu Ehren der Ortsheiligen hervorgegangen, werden aber heute gleichwohl nicht nur in den Kirchen, sondern mit Feuerwerk, Märkten, Gesang, Tanz, Speisen und Getränken in den Straßen und auf den Plätzen des jeweiligen Dorfes gefeiert. Da jeder kleine Ort gleich mehrere Festtage hat, können hier nur einige genannt werden. Weitergehende Auskünfte erteilt das regionale Tourismusbüro in Funchal.

15. Januar: *Dia de Varrer os Armários* – Fest des Heiligen Amaro (des Heiligen des Viehs), das die Inselbewohner als endgültigen Kehraus für das alte Jahr mit Entrümpelungsaktionen ihrer Schränke und Vitrinen begehen

April/Mai: ★ ✪ 🚶 *Espírito Santo* – Pfingsten, besonders schön sind die Prozessionen in Camacha

13. Mai: *Nossa Senhora de Fátima* – Tag der Heiligen Fátima in Funchal

14./15. August: *Nossa Senhora do Monte* – Fest zu Ehren der Schutzheiligen Madeiras in Funchal und Monte

Letzter Sonntag im August: ★ *Festa do Senhor* – Fest des Herrn in Camacha mit weit sichtbaren Feuern in den Bergen

WELTLICHE FESTE

Februar/März: ★ *Carnaval* – Karneval mit dem farbenprächtigen Umzug durch die Stadt und anschließendem Tanz auf dem Rathausplatz von Funchal

Mitte bis Ende April: ★ *Festa da Flor* – das Blumenfest hat seinen Höhepunkt in einer prachtvollen Blumenparade, bei der Mädchen die Blütengattungen vertreten, die auf der Insel vorkommen

Ende Juni: *Festa das Tosquias* – Schafschurfest in Santana und Paúl da Serra

3. Sonntag im September: ★ *Festa do Vinho Madeira* – Weinfest mit gespielten Szenen aus der Geschichte des Weinanbaus, Folklore, Fado und Weinproben in Funchal und Estreito da Câmara de Lobos, wo man sogar bei der Lese und beim Stampfen des Weines mitmachen kann.

Mitte bis Ende September: *Festa do Pêro* – Apfelfest in Ponta do Pargo

1. November: *Festa da Castanha* – Kastanienfest in Curral das Freiras.

Das pochende Herz Madeiras

In der Hauptstadt des Madeira-Archipels – vielen kommt sie wie ein Amphitheater vor – gibt es hervorragende Hotels und Restaurants und viel anzuschauen

In Funchal, der pulsierenden Hauptstadt Madeiras, laufen alle Wege zusammen, die auf und über die Insel führen. Ihren Namen bekam die Stadt von den ersten Siedlern. Sie waren auf üppigen Bewuchs mit wildem Fenchel (portugiesisch: *funcho)* gestoßen. Der Fenchel machte die Ufer der drei in die Bucht mündenden Flüsse Ribeira de São João, Ribeira de Santa Luzia und Ribeiro de João Gomes unbegehbar. Die Entdecker – ganz und gar umweltzerstörende Eroberer – setzten das Fenchelgestrüpp einfach in Brand. Das Feuer verselbständigte sich und

Das Reid's – ein herrliches Hotel mit langer Tradition

Hotel- und Restaurantpreise

Hotels

Kategorie 1: über 20 000 Esc.
Kategorie 2: über 10 000 Esc.
Kategorie 3: bis 10 000 Esc.

Die Preise gelten, wenn nicht anders angegeben, für zwei Personen im Doppelzimmer mit Frühstück. Die Benutzung des nicht gefüllten Minibar-Kühlschranks mit eigenen Getränken kostet bei Hinterlegung einer Sicherheit von 500 Esc. pro Tag ab 60 Esc. Wenn ein persönlicher Safe im Zimmer vorhanden ist, wird er bei Hinterlegung einer Sicherheit von 1000 Esc. mit 200 Esc. pro Tag berechnet.

Restaurants

Kategorie 1: über 5 000 Esc.
Kategorie 2: über 3 000 Esc.
Kategorie 3: bis 3 000 Esc.

Die Preise gelten, wenn nicht anders angegeben, für ein Drei-Gänge-Menü mit Vor-, Haupt- und Nachspeise. Getränke sind im Preis nicht inbegriffen. Besonders bei den Weinen sollte man vor der Bestellung den Preis erfragen. Der Grund: Sie müssen – außer dem berühmten Madeirawein, den man meistens nicht zum Essen trinkt - teuer vom Festland zur Insel geschafft werden.

soll der Überlieferung nach sieben Jahre in der Bucht gewütet haben, so daß der erste Legatskapitän João Gonçalves Zarco die ersten Jahre seiner Regentschaft Sitz in der westlichen Nachbarbucht von Câmara de Lobos nehmen mußte. 1425 zog er dann in die Bucht von Funchal. Der Aufstieg der Stadt zum Wirtschaftszentrum konnte beginnen.

Heute leben in Funchal und seinen Vororten über 120 000 Einwohner, also fast die Hälfte der Inselbevölkerung. Keine Frage: In der Hauptstadt des Archipels konzentriert sich die Wirtschaft. Banken, Handel und Industrie findet man hier. Aber auch die schönsten und teuersten Hotels stehen in unmittelbarer Umgebung der Hauptstadt.

Die Umweltverachtung, die die ersten Siedler mit ihrem Abfackeln des wilden Fenchels gezeigt hatten, setzt sich übrigens auf seltsame Weise bis in die Neuzeit fort. Die drei Flüsse, die einst freien Zulauf zum Meer hatten, wurden einbetoniert und teilweise sogar unterirdisch kanalisiert. Die politische Ausrede:

MARCO POLO TIPS FÜR FUNCHAL

1 Avenida do Mar
Flanieren Sie dort, wo das Leben pulsiert
(Seite 42)

2 Museu de Arte Sacra
Beeindruckende Sammlung religiöser Kunst
(Seite 43)

3 Jardim Botânico
Pflanzen, Vögel, Sensationen – so einen botanischen Garten haben Sie noch nicht gesehen
(Seite 55)

4 Mercado dos Lavradores
Kaufen Sie die schönsten Blumen und den frischesten Thunfisch auf einem Markt der Superlative
(Seite 46)

5 Monte
Steigen Sie hinauf, um anschließend im Korbschlitten zu Tale sausen zu können
(Seite 55)

6 Blandy's Garden
Umgeben von Blütenpracht lebt Madeiras reichste Familie – und Sie können Mäuschen spielen
(Seite 51)

7 Museu da Wine Association
Beim Probeschluck können Sie eine ganze Menge über den weltberühmten Madeirawein erfahren
(Seite 44)

8 Reid's
In der Atmosphäre britischer Gelassenheit nimmt man hier den Fünf-Uhr-Tee ein oder den zweittrockensten Martini der Welt
(Seite 48)

9 Villa Cliff
Wenn schon, denn schon: So gut speisen Sie sonst nirgends auf Madeira
(Seite 46)

Quinta das Cruzes – Herrenhaus mit archäologischem Park

Man wollte Bucht und Stadt an regenreichen Tagen vor Hochwasser schützen. Gnädigerweise wird viel Beton von der ganzjährig blühenden Bougainvillea überwuchert.

Wer Funchal erkunden will – und das ist lohnend, auch wenn die Luft von Verkehrslärm erfüllt und an warmen, windarmen Tagen stickig werden kann –, der sollte dies zu Fuß tun. Denn in dem Gewirr der vielen Einbahnstraßen und Sackgassen kennen sich nicht einmal die Einheimischen aus. Sogar Taxifahrer haben manchmal Schwierigkeiten. Fluchen Sie nicht; Sie bezahlen ohnehin nur einen aufgelisteten Festpreis. Da die Steigung der Straßen bis zu 20 Prozent beträgt, weil der Nordrand des Kessels, in dem die Stadt liegt, eine Höhe von 1200 Metern erreicht, müssen Fußgänger eine gute Kondition mitbringen. Man kann die interessanten Punkte der Stadt zwar in einem halben Tag bequem erlaufen. Wer aber wirklich etwas sehen will in dieser Stadtbucht, die manche als riesiges Amphitheater beschreiben, weil sie sich an die aufsteigenden Hügel schmiegt, der braucht mindestens einen Tag. Praktischer und nicht so ermüdend sind mehrere Besuche, was den guten Nebeneffekt hat, daß Sie von den vielen kleinen, zauberhaften Restaurants gleich mehrere testen können. Bleibt die Frage: *»para onde vamos?«* Wohin gehen wir? (**D 4–5**)

BESICHTIGUNGEN

Über die Sehenswürdigkeiten der Stadt kann man sich auf einer halbtagigen Stadtrundfahrt informieren. Anmeldungen nimmt die Hotelrezeption entgegen. Der Bus holt Sie dort auch ab. Preis: 2700 Esc.

Alfândega Velha

Das alte Zollhaus, in dem heute die Regionalversammlung, das Inselparlament, untergebracht ist, stammt aus der Zeit des Barock. Das Gebäude wurde nach dem großen Erdbeben von 1755 auf den Ruinen eines um 1500 von König Manuel I. in Auftrag gegebenen Palastes erbaut. In jüngster Zeit sind an der Nord- und Ostseite einige Reste aus dieser manuelinischen Zeit freigelegt worden. Besichtigt werden darf das Gebäude nur außerhalb der Parlamentszeiten. Auskunft erteilt das Touristik-Amt. *Rua de António José d'Almeida*

Avenida do Mar

★ ◉ ⚲ Die prachtvolle, breite Uferpromenade Funchals ist wie geschaffen für einen ausführlichen Bummel. Der Hafen von Funchal hat zwar nicht mehr wie früher die Funktion eines Brükkenkopfes für Großsegler auf dem Weg nach Indien und Südamerika, aber die Mole ist heute Anlaufstelle für große Kreuzfahrtschiffe. Außerdem treffen sich hier Transatlantiksegler aller Nationen. Mit seinen vielen Cafés und Restaurants ist die Hafenpromenade auch und gerade am Abend und an Wochenenden Treffpunkt für Einheimische und junge Leute. Attraktion ist das Restaurantschiff *Vagrant,* das in der ehemaligen Yacht der Beatles untergebracht ist.

Câmara Municipal

Seit 1868 ist Funchals Stadtverwaltung in diesem Barockpalast untergebracht. Graf João José de Carvalhal, einst reichster Mann Madeiras, ließ ihn sich 1758 als Stadtresidenz bauen. In dem eher schmucklosen Bau sind die kunstvollen blauweißen Azulejos in der Eingangshalle und eine Skulptur im gefliesten Innenhof besonders sehenswert. Sie zeigt Göttervater Zeus, wie er sich in Gestalt eines Schwans seiner Leda nähert. *Praça do Municipio*

Denkmal des Inselentdeckers

In den 20er Jahren schuf der einheimische Bildhauer Francisco Franco ein Denkmal zu Ehren des Madeira-Entdeckers João Gonçalves Zarco. *Ecke Avenida Zarco/Avenida M. Arriaga*

Fortaleza de São Lourenço

Schon 1513 gab König Manuel I. den Bau einer Burg zum Schutz vor Seeräubern in Auftrag. Doch die heute sichtbaren Mauern wurden erst im 17. Jh. fertiggestellt. Der mächtige Bau kann nur von außen besichtigt werden, weil er dem Minister der Republik als Wohnsitz dient. *Zwischen Avenida do Mar und Avenida M. Arriaga*

Fortaleza do Pico

Die mächtige Burg auf dem 111 m hohen Pico dos Frias überragt die Oberstadt. Ihr Bau wurde 1572 begonnen. Auch sie kann nur von außen besichtigt werden, weil eine Sendestation der portugiesischen Marine darin untergebracht ist. *Calçada do Pico*

Igreja de São Pedro

Es ist bedauerlich, daß die Kirche aus dem 16. Jh. nur während der Gottesdienste zu besichtigen ist. Es gibt nämlich sehr sehenswerte und wertvolle Azulejos aus dem 17. Jh. im Kirchenschiff und in der Sakristei. *Rua das Pretas*

Igreja do Colégio

Die Kirche des Jesuitenkollegs aus dem 17. Jh. wird nur zu Gottesdiensten geöffnet. Außen fallen vier Skulpturen aus Marmor auf, die Jesuiten darstellen. Unter ihnen ist unten links Ignatius von

Loyola, der Gründer des Jesuitenordens, zu erkennen. *Praça do Município*

Jardim de São Francisco

Auf dem Gelände eines ehemaligen Franziskanerklosters aus dem 15. Jh. legte man nach dem Abriß total verfallener Ruinen 1878 den kleinen Stadtpark an, in dessen Mitte seit 1982 eine Skulptur zu Ehren des heiligen Franz von Assisi steht. Beachtlich sind die mächtigen Bäume, die auf Schildern erklärt werden. *Avenida M. Arriaga*

Kathedrale Sé

Der von König Manuel I. 1493 in Auftrag gegebene Sakralbau wurde 1514 geweiht. Der ungewöhnlich kurze Name Sé ist vom lateinischen *sedes* für den Sitz eines Bischofs abgeleitet. Die Strenge im Äußeren setzt sich innen fort. Sehenswert ist vor allem die Decke aus madeirensischem Zedernholz im Stil der Mudejaren. Das sind Moslems, die nach der Maurenvertreibung aus Spanien zurückblieben und sich bekehren ließen. Leider kann man nicht viele Einzelheiten der Reliefarbeiten erkennen, weil es in der Kathedrale zu dunkel ist. *Tgl. ab 6.30 Uhr, zwischen Rua do Aljube und Rua da Sé*

Quinta das Cruzes

Das Herrenhaus hat einen kleinen archäologischen Park. Man sieht Steinhauerarbeiten, wie Wappensteine und Grabplatten, aus verschiedenen Jahrhunderten und Gegenden Madeiras. Besonders interessant sind die Reste eines Schandpfahls *(pelourinho)*, an dem man einst Diebe zur Bestrafung an den Pranger gestellt hat. *Am Übergang der Calçada de Santa Clara in die Calçada do Pico. Di–So 10–12.30 und 14–18 Uhr*

Quinta Magnólia

Das einst dem exklusiven englischen Country Club gehörende Gebäude liegt in einer herrlich bewachsenen öffentlichen Parkanlage *(tgl. 8.30–18 Uhr)*. Im Haus ist jetzt die Hotelfachschule *Escola de Hotelaria e Turismo* untergebracht, in der man übrigens ganz ausgezeichnet zu Mittag essen *(Mo–Fr 13–14 Uhr, Anmeldung erforderlich unter Tel. 22 90 83–4)* und nach guter englischer Tradition den Nachmittagstee einnehmen kann *(Mo–Fr 16 Uhr, ohne Anmeldung). Rua do Dr. Pita*

Quinta Vigia

Das rosa gestrichene Herrenhaus aus dem 17. Jh., kann nur von außen besichtigt werden, weil es im Haupttrakt dem Präsidenten der Regionalregierung Madeiras als Wohnsitz und im Nebentrakt dessen Besuchern als Gästehaus dient. Gleichwohl kann man den wunderschönen Garten mit seiner Pflanzenpracht, mit Pfauen und Papageien in riesigen Käfigen besuchen. Außerdem hat man vom rückwärtigen Teil des Parks einen schönen Blick auf den Hafen und die Bucht. *Werktgl. 9–17 Uhr, Eintritt frei, Avenida do Infante*

MUSEEN

Museu de Arte Sacra

★ Das 1955 gegründete und im alten Bischofssitz untergebrachte Museum religiöser Kunst ist von ungewöhnlicher Großartigkeit. Wer es nicht kennt, wird, wenn er überhaupt durch die kleine Gasse hinter dem Rathausplatz kommt, an dem eher unscheinbaren Bau vorbeilaufen. Dann entgeht ihm eine einzigartige Sammlung von Skulpturen, sakralen Gegenständen, Silberkunst und Priestergewändern (im ersten Stock des Hauses). Noch faszinierender allerdings ist es, sich die religiösen Gemälde flämischer Maler aus dem 18. Jh. anzusehen, die in einem fensterlosen Gewölbe im Erdgeschoß untergebracht sind. Wenn dem einzelnen Besucher hier das Licht angemacht wird, erklingt gleichzeitig konzertante Kirchenmusik, die den riesigen Bildern eine seltsame Lebendigkeit gibt. *Di–Sa 10–13.30 und 14.30–18 Uhr, So, feiertags geschl., Eintritt 200 Esc., Rua do Bispo 21*

Museu da Cidade

Seit 1988 findet man im 1. Stock des Rathauses das Stadtmuseum, in dem man anhand von Karten, Dokumenten, Azulejos und alten Fotos der Stadtgeschichte Funchals folgen kann. *Mo–Fr 9 bis 12.30 und 14–17 Uhr, Eintritt frei, Praça do Municipio*

Museu Frederico de Freitas

Das Museum ist eine Stiftung des 1978 verstorbenen Rechtsanwalts Dr. Frederico de Freitas, der ein begeisterter Sammler von Kunst aus dem 16. bis 20. Jh. war. Schätze aus diesen Epochen sind in dem über mehrere Gebäude gehenden Stadtpalais zu sehen. Außerdem gibt es wechselnde Ausstellungen. Interessant ist aber auch die Einrichtung, die weitgehend erhalten wurde und so einen Einblick in das Leben einer gutsituierten Funchaleser Familie in der ersten Hälfte des Jhs. gibt. *Di–Sa 10–12.30 und 14–18.30 Uhr, Eintritt 300 Esc., Calçada de Santa Clara neben der Kirche San Pedro*

Museu Municipal

Im Naturkundemuseum kann man in einem Aquarium auch Meeresfische sehen. *Mo–Fr 10 bis 18, Sa, So, feiertags 12–18 Uhr, Eintritt 65 Esc., Rua da Mouraria 31*

Museu Photographia Vicentes

Über die Anfänge der Fotografie informiert das Fotomuseum, in dem 380 000 Negative archiviert sind. *Di–Fr 14–18 Uhr, Eintritt 50 Esc., Rua da Carreira 43*

Museu Quinta das Cruzes

Der alte Herrschaftssitz im archäologischen Park beherbergt im 1. Stock ein Museum für dekorative Kunst des 17. bis 19. Jhs. *Di–Fr und So 10–12.30 Uhr, Eintritt 100 Esc., Calçada do Pico 1*

Museu do Vinho

Im öffentlichen *Instituto do Vinho da Madeira* kann man sich über die Geschichte des Weinbaus auf der Insel informieren. Es gibt auch Gerätschaften aus vergangenen Jahrhunderten zu sehen. *Mo–Fr 9.30–12 und 14–17 Uhr, Eintritt frei, Rua 5 de Outubro 78, Gruppenanmeldungen: Tel. 22 05 81*

Museu da Wine Association

★ Das private Gegenstück zum Weininstitut gibt ebenfalls einen Überblick über den Weinbau auf Madeira, lädt aber gleichzeitig auch zu Weinproben ein und verkauft Weine der Kellerei *San Francisco Wine Lodges. Mo–Fr 9–19, Sa 9–13 Uhr, Führungen finden um 10.30 und 15.30 Uhr statt, Führun-*

gen 500 Esc., Avenida M. Arriaga 28, Gruppenanmeldungen. Tel. 74 21 21 oder 74 12 78

RESTAURANTS

Wenn nicht anders angegeben, sind die Restaurants mittags von 12 bis 15 und abends ab 18 Uhr (meist bis 23 Uhr, auf dem Land oft nur bis 21 Uhr) geöffnet und haben keinen Ruhetag. Die meisten Fischrestaurants gibt es im lebhaften Fußgängerbereich der Altstadt am nordöstlichen Ende der Avenida do Mar. Sie liegen alle nebeneinander und bieten fast alle die gleiche Qualität in den Kategorien 2 und 3.

O Almirante

Einfaches Restaurant in der Nähe der Markthalle. Man bekommt eine gute Fischsuppe. *Largo do Poço 1–2, Tel. 22 42 52, Kategorie 3*

Caravela

Direkt am Hafen lockt das von vielen Touristen besuchte Gasthaus mit einer Aussichtsterrasse im 3. Stock. Spezialitäten sind die Fischgerichte. Es gibt aber auch Internationales wie etwa Wiener Schnitzel, und das sogar recht ordentlich. *Durchgehend geöffnet, Avenida do Mar 15, Tel. 22 84 64, Kategorie 2*

Casa Dos Reis

Das Restaurant hat für Sonnenstunden eine angenehme Terrasse. *Rua Imperatriz d'Amélia 101, Tel. 22 51 82, Kategorie 2*

Casa Velha

In der Nähe des Spielkasinos gibt es feine portugiesische Speisen. *Rua Imperatriz d'Amélia 69, Tel. 22 57 49, Kategorie 1*

Celeiro

Das Gasthaus mit Madeirenser Spezialitäten (hervorragend die Tomaten-Zwiebel-Suppe) hat eine sehr gute Weinkarte. *Do–Di durchgehend geöffnet, Rua das Aranhas 22, Tel. 23 06 22, Kategorie 2*

Combatentes

Man sitzt zwischen Einheimischen an rustikal gedeckten Tischen und ißt lokale Spezialitäten. *Rua San Francisco 1, Tel. 22 13 88, Kategorie 3*

Jardim das Flores

Lokale und portugiesische Spezialitäten. *Rua Ivens 10, Tel. 22 82 19, Kategorie 2–3*

O Presidente

Die Spezialitäten sind Fondues und flambierte Gerichte, die beim Klang der Gitarrenmusik besonders gut munden. *Rua das Mercês 18, Tel. 3 45 35, Kategorie 2*

O Solar do F.

Die Küche richtet sich an gehobene Ansprüche und bietet verfeinerte Madeirenser Speisen. *Do–So, Avenida Luis de Camões 19, Tel. 22 02 12, Kategorie 1*

Tartaruga

Kleines Restaurant im alten Hafenviertel mit Tischen draußen auf dem Kopfsteinpflaster. Hier gibt es noch den *bolo de caco. Bei Regen und Nov.–April geschl., Largo do Corpo Santo 4, Tel. 23 39 67, Kategorie 3*

Vagrant

Auf der ehemaligen Yacht der Beatles ist das Essen nicht besonders. Snacks und Fischgerichte. *Am Segelhafen, Avenida do Mar, Tel. 22 35 72, Kategorie 3*

Villa Cliff

★ Das Feinschmeckerrestaurant neben dem weltberühmten Hotel Reid's ist eine Klasse für sich. Man hat einen herrlichen Ausblick und bekommt vorzügliche Menüs. *Am westlichen Ortsausgang von Funchal, Tel. 76 30 01, Kategorie 1*

EINKAUFEN

Bazar Oliveiras

Wenige Schritte von Kathedrale und Avenida do Mar entfernt liegt der Laden für Madeira-Kunsthandwerk. Besonders die Stickereien lohnen. Wer gleich mehrfach zuschlägt, bekommt Rabatt. Fragen Sie nach Otilia. Sie versteht Deutsch und berät sie gern. *Rua dos Murcas 2–6*

Centro Filatélico

Druckfrische Madeira-Briefmarken, die von Philatelisten zu den schönsten der Welt gerechnet werden, gibt's außer auf der Post auch in dieser zentralen Verkaufsstelle. *Rua 31 de Janeiro 39*

Diogos

Der Wein- und Spirituosenladen verpackt die Flaschen reisefertig und liefert sie ins Hotel. Man wirbt mit britischer Solidität: »If we haven't got it, we will try to get it.« (Was sie nicht vorrätig haben, besorgen sie.) *Durchgehend geöffnet, Avenida M. Arriaga 48*

Maria L. Kiekeben

Hier findet man noch handgefertigte Gobelinstickereien. *Rua da Carreira 194*

Mercado dos Lavradores

★ Die Markthalle im Herzen der östlichen Altstadt ist auch für den sehenswert, der sich nicht mit Frischwaren eindecken will. Schon der mit Azulejos geflieste Eingang des 1940 eröffneten Gebäudes beeindruckt. Im Innenhof bekommt man die frischesten Blumen der Stadt, aber auch Obst und Gemüse. Andere Obst- und Gemüsehändler stehen auf der Galerie. In den Seitenräumen werden Fleisch und Wurstwaren, Käse und Milchprodukte, aber auch Korb- und Lederwaren angeboten. Der gesamte hintere Teil der Markthalle, zu dem man ein paar Stufen hinuntergeht, ist der Fischmarkt. Mächtige, nicht in den von Tierschützern zu Recht angeprangerten Schleppnetzen gefangene Thunfische liegen auf den Holztischen und werden vor den Augen der Käufer in saftige Scheiben geschnitten. Am interessantesten ist die Markthalle am Freitag, weil dann Bauern von der ganzen Insel nach Funchal kommen, um ihre Waren anzubieten. An anderen Tagen stehen diese mit ihren Ständen in anderen Orten. Die Fülle des Angebots läßt gerade am Freitag so manchen Händler seinen Stand auch außerhalb der Markthalle aufstellen. Das hat zu Überlegungen der Ortspolitiker geführt, die Markthalle aus verkehrspolitischen Gründen nach außerhalb zu verlegen. Die vielen Gastwirte mit ihren kleinen, auch für Touristen besuchenswerten Tavernen rund um die Halle laufen dagegen Sturm. Der Reisende kann nur hoffen: mit Erfolg! Denn so, wie er jetzt ist, ist der Mercado dos Lavradores ein Muß für jeden Besucher auf Madeira. *Mo 7–14, Di–Do und Sa 7–16, Fr 7–20 Uhr, Ribeira de João Gomes*

Patrício & Gouveia Sucessors
Sie können die Fabrikationsräume für Madeira-Stickereien besichtigen und im Ausstellungsraum ab Werk kaufen. Das Unternehmen liegt in Sichtweite der Markthalle. *Rua do Visconde de Anadia 33*

HOTELS

Für alle hier aufgeführten Hotels gibt es Pauschalangebote von deutschen Reiseveranstaltern, bei denen dann selbstverständlich die Übernachtungspreise nicht den angegebenen Kategorien entsprechen. Mit dem Pauschalangebot reisen Sie auch in den Luxushotels immer günstiger.

Carlton
Hoch über der Bucht von Funchal liegt das First-class-Hotel mit einer großen Pool-Anlage. Es gibt einen Pub, in dem man internationale Biere vom Faß trinken kann. In die Altstadt geht man zehn Minuten. *375 Zi., Largo António Nobre, Tel. 23 10 31, Fax 22 33 77, Kategorie 1*

Casino Park Hotel
Gleich neben dem Kasino gelegen, bietet das Hotel an drei Abenden in der Woche Las-Vegas-Show-Atmosphäre. *375 Zi., Avenida do Infante 142, Tel. 23 31 11, Fax 23 31 53, Kategorie 1*

Cliff Bay
Herrlich am Felsenrand gelegenes, luxuriöses Resorthotel. Der terrassenartige Bau gewährt allen Balkonen Sonne. Garten, Tennis, Squash, Swimmingpools, Hallenbad und eine Meerwasserterrasse, die Wassersport und Baden im Atlantik ermöglicht. *201 Zi., Estrada Monumental 147, Tel. 76 18 18, Fax 76 25 25, Kategorie 1*

Das Denkmal des Inselentdeckers an der Avenida M. Arriaga

Girassol
Das Haus ist nur lärmunempfindlichen Menschen zu empfehlen. Es liegt an einer belebten Straße. Dafür ist das Meerschwimmbad *Lido* nur fünf Gehminuten entfernt. *132 Zi., Estrada Monumental 256, Tel. 76 40 51, Fax 76 54 41, Kategorie 1–2*

Quinta da Bela Vista
Restauriertes Herrenhaus am nordwestlichen Stadtrand. Stilvolles Ambiente, Park und Panoramablick. Swimmingpool. Unbedingt rechtzeitig reservieren! *36 Zi., Caminho do Avista Navios 4, Tel. 76 41 44, Fax 76 50 90, Kategorie 1*

Quinta da Penha de França
Das in einem alten Stadtpalast untergebrachte Hotel liegt in einem ruhigen Garten und hat ein eigenes Schwimmbad. Allerdings gibt es kein Restaurant, nur eine Snackbar. *41 Zi., Rua da Penha de França 2, Tel. 22 90 87, Kategorie 2*

Quinta do Sol
Das große Haus hat ein beheiztes Schwimmbad. *151 Zi., Rua Dr. Pita 6, Tel. 76 41 51, Kategorie 2*

Reid's
★ Das Reid's ist eine Institution auf Madeira. Ein Besuch lohnt sich auch dann, wenn einem die Übernachtungen zu teuer sind – und sei es nur zum traditionellen Fünf-Uhr-Tee der Engländer. William Reid, der 1822 geborene Sohn eines schottischen Bauern, eröffnete am 1. November 1891 *The Reid's New Hotel* am Stadtrand von Funchal. Seit 1937 ist das Hotel im Besitz der auf Madeira ebenfalls hoch angesehenen Familie Blandy. Zu den prominenten Gästen, die sich in gut 100 Jahren in das Gästebuch eingeschrieben haben, zählen der Dichter Rainer Maria Rilke, der Dramatiker George Bernard Shaw, Hollywood-Schauspieler Gregory Peck, der amerikanische Schriftsteller John dos Passos,

Badespaß in der Piscina do Lido

»James Bond« Roger Moore sowie zahlreiche gekrönte und ungekrönte Staatsoberhäupter. Das Reid's überzeugt durch Gediegenheit. Schon Eingang und Rezeption zeigen britisches Understatement. Die Zimmer sind sorgfältig und liebevoll eingerichtet. In einem tadellos gepflegten Garten gibt es ein Naturschwimmbecken und einen hoteleigenen Privatzugang zum Meer. Der Fünf-Uhr-Tee wird im Salon zelebriert; und an der Hotelbar gibt es *(ab 19 Uhr zu Piano-Livemusik)* den trockensten Martini-Cocktail außerhalb der Oakbar des New Yorker Plaza-Hotels. *169 Zi., Estrada Monumental 139, Tel. 76 30 01, Fax 700 71 77, Kategorie 1*

Savoy

Luxushotel mit eigener Terrasse und abgetrenntem Pool am Meer. *350 Zi., Avenida do Infante, Tel. 22 20 31, Fax 22 31 03, Kategorie 1*

Vila Ramos

Das Mittelklassehotel, 2,5 km vom Ortszentrum entfernt, hat viele Stammgäste. Vom Dach des ruhig gelegenen Hauses hat man einen herrlichen Ausblick auf das Meer und den Hafen. Es gibt einen Swimmingpool. *116 Zi., Azinhaga da Casa Branca 7, Tel. 6 41 70, Fax 76 41 56, Kategorie 2–3*

Windsor

Wer mitten in der Stadt wohnen möchte, ist mit diesem Hotel gut beraten. Es liegt nur jeweils zwei Minuten von Markthalle und Kathedrale entfernt. Swimmingpool auf dem Dach des Hauses. *68 Zi., Rua das Hortas 4–A, Tel. 23 30 81, Fax 23 30 80, Kategorie 2*

SPORT UND SPIEL

Baden

Neben den Swimmingpools in den großen Hotels, die man gegen eine allerdings meist sehr hohe Gebühr (ab 800 Esc.) auch als Hotelfremder benutzen darf, gibt es drei öffentliche Bade- und Wassersportanstalten mit Zugang zum Meer: den *Clube Naval do Funchal (Estrada Monumental 235, Tel. 76 22 53),* den *Clube de Turismo (Estrada Monumental 179, Tel. 76 25 59)* und die *Piscina do Lido (Rua do Gorgulho, Tel. 76 22 17)*

Fußball

Die Menschen auf Madeira sind fußballbegeistert. Die drei großen Vereine von Funchal, *Marítimo, Nacional* und *União,* zählen zu den besten Mannschaften Portugals. Ihre Spiele kann man im westlich an der *Rua do Dr. Pita* gelegenen Stadion *Barreiros* sehen. Informationen und Kartenvorverkauf: *Associação de Futebol do Funchal, Mo–Fr 9.30–13 und 15–18.30 Uhr, Rua Elias Garcia 3, Tel. 22 37 47*

Golf

Die neue anspruchsvolle Anlage *Palheiro Golf* (818 Löcher) liegt am Stadtrand Funchals. *Sítio do Balancal, Tel. 79 21 16*

Hochseeangeln

Es gibt zwei Möglichkeiten, sich zu informieren oder sich anzumelden: bei *Turipesca-Organização José Brás (Verkaufsstelle am Yachthafen, Tel. 23 10 63)* und bei *Costa Sol-Transportes Marítimos Passageiros e Turismo (Verkaufsstelle ebenfalls am Yachthafen* und durch fliegende Händler auf der *Avenida do Mar, Tel. 3 85 38 und 22 43 90)*

Tauchen

Obwohl es auf Madeira bessere Plätze zum Tauchen gibt als die Bucht von Funchal, kann man es bei *Scorpio Divers (Piscina do Lido, Tel. 6 60 77)* lernen oder sich wenigstens über die besten Tauchplätze informieren.

AM ABEND

Viele Hotels bieten in regelmäßigen Abständen eigene Abendveranstaltungen mit Musik und Folklore an, auf die rechtzeitig an der Rezeption hingewiesen wird. Der Portier ist auch gern behilflich, Ihnen Karten für einen solchen Abend in einem anderen Hotel zu besorgen, wenn im eigenen gerade nichts los ist.

As Vespas

Total »in« – die Kathedrale der Diskotheken auf dem Archipel. *Tgl. ab 23 Uhr, Avenida Sá Carneiro*

Casino da Madeira

Das Spielkasino von Funchal hat den spröden Charme eines Parkhauses. Wer schmuckbehangene, ältliche Engländerinnen auf der Suche nach dem Glück mag, ist hier genau richtig. Es wird Roulette und Black Jack, seltener Bakkarat gespielt. Vergessen Sie Ihren Paß oder Personalausweis nicht! *Information: tgl. 12–15 Uhr, Spielsäle: tgl. 20–3 Uhr, Automaten-Glücksspiele Mo–Do 20–3, Fr 20–4, Sa 18–4 und So 18–3 Uhr, Rua Imperatriz d'Amélia, Tel. 23 11 21*

Casino Park Hotel

Kein schlechter Start in die Nacht: die Shows im Casino Park Hotel. Täglich gibt es Dinnershows mit wechselndem Programm und Live-Musik. Für den Gesamt-Eintrittspreis erhalten Sie 15 Prozent Nachlaß auf Ihre Willkommensdrinks an der Hotel-Bar, die Show, ein Dinner, Wein und Kaffee dazu, freien Eintritt in das Kasino und einen Jeton über 500 Esc. sowie freien Eintritt in die Hoteldiskothek *Baccara. Avenida do Infante 142, Tel. 23 31 11, Eintritt: zwischen 5800 Esc. und 7500 Esc.*

Cine Jardim

In diesem Kino gibt es auch internationale Filme in Originalsprache mit portugiesischen Untertiteln. *Rua do Carmo 29, Tel. 22 03 31*

Formula 1

Mischung aus Treff (English Pub) und Diskothek. Ehepaare, die ihren Status nachweisen können, bekommen zwei Glas Madeirawein gratis. *Tgl. ab 21 Uhr, Rua do Favilha 5*

Jet Set

In dieser Diskothek treffen sich vor allem einheimische junge Leute. *Tgl. ab 22 Uhr, Rua da Alfândega 27*

Restaurant A Brisa

Oft tauchen in den Gasthäusern spontan Gruppen auf, die den Fado anstimmen, jenen schicksalhaften, sentimentalen Gesang, der seit gut 150 Jahren zu Portugal und Madeira gehört. In diesem Restaurant wird ganz sicher Fado-Musik gemacht. *Estrada Dr. João A. Freitas 104a, Tel. 74 22 94, Kategorie 2*

Salsa Latina

In dieser Bar kann man zündende südamerikanische Rhythmen hören. *Tgl. ab 18 Uhr, Rua Imperatriz d'Amélia 101–103, Tel. 22 51 82*

Teatro Municipal
Das Stadttheater hat einen guten Ruf, ist aber nur Reisenden mit guten bis sehr guten portugiesischen Sprachkenntnissen zu empfehlen. *Avenida M. Arriaga gegenüber dem Stadtpark. Tel. 23 35 69 (Programm), Kartenvorbestellungen: Tel. 22 04 16, wechselnde Spieltage und Anfangszeiten*

AUSKUNFT

Direcção Regional de Turismo, Região Autónoma da Madeira
Avenida M. Arriaga 18, Tel. 22 56 58, Fax 23 21 51, Mo–Fr 9–20, Sa und So 9–18 Uhr, Fax 23 21 51

Flughafen
Direcção Regional de Aeroportos da Madeira, Aeroporto Funchal, *Santa Cruz, Tel. 52 49 41 und 52 49 72*

Segelhafen
Direcção Regional dos Portos da Madeira, *Marina, Avenida do Mar, Tel. 22 52 81–8*

Taxi
Es gibt elf Taxistände in Funchal, von denen der an der *Avenida Arriaga (Tel. 22 09 11)* der wichtigste ist. Ein Tip: mit deutschen Erklärungen begleitete Ausflugs- und Wanderfahrten bietet *Taxi Teixeira* an. *Tel. 9 99 12 17, vor 10 oder nach 19 Uhr*

Verbindung nach Porto Santo
Verschiedene Veranstalter bieten Tagesfahrten auf die Badeinsel Porto Santo an (Hinfahrt täglich etwa 8 Uhr, Rückfahrt um 18 Uhr ab Porto Santo), Rückfahrt-Ticket 8300 Esc., Kinder bis 8 Jahre 50 % Ermäßigung), Informationen an der Hotelrezeption oder in Reisebüros, Fahrzeit: rund 1,5 Stunden.

ZIELE IN DER UMGEBUNG

Blandy's Garden **(D 4)**
★ Neun Kilometer außerhalb von Funchal an der Straße nach Camacha liegt mit Blandy's Garden die wohl schönste Gartenanlage Madeiras. Eigentlich heißt sie *Quinta do Palheiro Ferreiro* (d. h. Landhaus zur strohgedeckten Hütte des Schmiedes). Der Graf de Carvalhal gründete die Quinta an der Schwelle des 19. Jhs. als Jagd- und Vergnügungspark. Der Neffe des Grafen verkaufte den Besitz 1885 an Madeiras reichste Familie, die Blandys. Da in dem Herrenhaus, das damals gebaut wurde, noch immer Blandys wohnen, ist der Park nur teil- und zeitweise zu besichtigen. Diese Möglichkeit sollte man nutzen, denn auf wunderschöne Weise verbinden sich hier englische und französische Gartenarchitektur mit der natürlichen Vegetation Madeiras. Weil hier in 600 m Höhe oft schon Nebel aufziehen, wenn unten in der Bucht noch die Sonne scheint, können tropische Pflanzen hier nicht mehr gedeihen. Dafür gibt es eine Vielfalt von subtropischen Bäumen und Blüten, die meist von Mildred Blandy, der Mutter des heutigen Besitzers, eingeführt wurden. Von der Hauptstraße nach Camacha weist ein Schild den Weg hinauf zum Parkplatz, auf dem allerdings nur Taxen auf ihre den Garten besuchenden Kunden warten dürfen. Eine Frau in Ma-

Korbmöbel aus Camacha

deira-Tracht kassiert den hohen Eintritt von 800 Esc., der zur Erhaltung des Gartens und zur Unterstützung der anglikanischen Kirche in Funchal verwendet wird. Über die Artenvielfalt zwischen Agave und Yucca-Palme ließen sich viele Seiten schreiben. Nur soviel: Irgend etwas blüht zu jeder Jahreszeit. Es gibt Bänke zum Verschnaufen, aber kein Restaurant und keinen Kiosk mit Erfrischungen. Picknicks im Garten sind nicht erlaubt. *Mo–Fr 9.30 bis 12.30 Uhr. Wer aus Funchal nicht hinauf laufen möchte, kann einen Bus der Linien 29 und 77 (Haltestelle Avenida do Mar, hinter dem Elektrizitätswerk, Abfahrt 9, 10, 11 und 11.45 Uhr) nehmen.*

Camacha **(E 4)**

Der Bus von Funchal (Linien 29 und 77) fährt etwa 40 Minuten, bis er den in 700 m Höhe gelegenen Ort Camacha erreicht. Die Nähe zur Stadt ließ im vorigen Jahrhundert viele Reiche hier ihre Landhäuser bauen. Und weil diese meist englischen Kaufleute ein Faible für Korbmöbel und -waren hatten, verlegten sich die Bewohner auf das Herstellen von Flechtwaren. Heute kann man in fast jedem Haus Korbwaren sehen und selbstverständlich kaufen. Mittelpunkt des Ortes ist der Dorfplatz *Largo da Achada*, um den herum es Geschäfte, Bars und Restaurants gibt, unter ihnen das für seine regionale Spezialitätenküche und abendliche Fado-Veranstaltungen bekannte *O Relógio.* Am Platz erinnert eine Tafel daran, daß hier 1875 das erste Fußballspiel auf portugiesischem Boden stattfand. Das, was ein Engländer namens Harry Hinton damals anstieß, indem er aus seiner Heimat einen Fußball mitbrachte, ist heute Volkssport Nummer eins in Portugal.

Von einer Plattform am hinteren Ende des *Largo da Achada* hat man einen schönen Blick auf Madeiras Südostküste.

Câmara de Lobos (C 4–5)
Wenn der gute alte Inselentdecker Zarco am Ende letztlich nicht doch die Bucht von Funchal als Regierungssitz auserkoren hätte, wäre heute wohl Câmara de Lobos Madeiras Hauptort. Denn hierhin hatte sich Zarco zunächst zurückgezogen, als in der Bucht von Funchal die Fenchelrodungsbrände der Inseleroberer wüteten. Zarco benannte seinen vorübergehenden Aufenthaltsort übrigens nach den damals dort zuhauf lebenden Mönchsrobben *(lobos marinhos),* die mit den Fledermäusen zum Urgetier auf Madeira gehört haben dürften. Heute steht die Gattung kurz vor dem Aussterben; es gibt noch vereinzelte Exemplare auf den vorgelagerten Ilhas Desertas. Schon Zarco ließ das Kirchlein *Nossa Senhora dos Pescadores* bauen, das am Ende der Hafenbucht steht. Allerdings stammt nur noch der Glockenturm aus Zarcos Zeit. Das Fischerdörfchen, in dem sich Englands Premierminister Sir Winston Churchill seiner Leidenschaft, der Malerei, hingab, ist besonders im Sommer einen Besuch wert, wenn die Fischer wenige Schritte vom Hafen Katzenhaie zum Trocknen auf Gestelle legen, damit Stockfisch draus wird. Es riecht zwar nach Fisch, aber dafür findet man schöne Fotomotive. In Hafennähe gibt es eine Markthalle, in der allerdings nur Fr und Sa gehandelt wird. Die *Zweigstelle des Touristik-Amtes (Tel. 94 34 70)* an der *Uferpromenade Rocha, in der Nähe der Straße Largo do 28 Maio,* ist nur sehr unregelmäßig geöffnet. Von Câmara de Lobos führt die Küstenstraße an Bananenpflanzungen und Weinhängen vorbei nach *Estreito da Câmara de Lobos,* wo alljährlich zur Weinlese im September mehrtägige Feste gefeiert werden. Außerdem lohnt, besonders am Sonntag, ein Besuch der *Markthalle im Ortszentrum (tgl. 8–20 Uhr).*

Caniço (E 5)
Der einst winzige Ort im Osten von Funchal ist zu einer Touristenhochburg, besonders auch durch deutsche Urlauber, geworden. Die Hotels stehen allerdings nicht im Ortskern, der etwa 200 m vom Meer entfernt ist, sondern in den am Ufer gelegenen Ortsteilen *Caniço de Baixo* und *Garajau,* die ineinander übergehen. Die Fahrt nach Caniço führt durch ein großes Gemüseanbaugebiet. Die Straße mündet direkt auf den Hauptplatz *Sítio da Vargem.* Dort fallen die Kirche und der durch den Platz von ihr getrennte Friedhof auf. Die Pfarrkirche hat eine sonderbare Geschichte. Sie ist nämlich sowohl dem Heiligen Geist als auch dem heiligen Antonius geweiht. Und das kam so: Ein Fluß, der durch Caniço floß, teilte den dann sehr bald vereinigten Ort in zwei verschiedene Verwaltungsgebiete. Deshalb baute man links eine Heilig-Geist-Kirche und rechts eine zu Ehren des Antonius. Als dann Ende des 18. Jhs. beide Kirchen wegen Baufällig-

keit abgerissen wurden, baute man nur noch eine, stritt aber kräftig um den Namen. Schließlich einigte man sich auf Heilig-Geist-Antonius-Kirche. Am Platz befinden sich Geschäfte, ein Zeitschriftenkiosk und Restaurants, von denen das *A Lareira,* was schlicht, aber passend mit Herd übersetzt werden muß, zu empfehlen ist und zu dem auch eine ordentliche Pension gehört *(Sítio da Vargem, Tel. 93 44 94, 17 Zi., Kategorie 3).* Ein großes Aparthotel mit einer vielbesuchten Diskothek in *Caniço de Baixo* ist das *Dom Pedro Carajau (282 Wohneinheiten, Tel. 93 44 21, Fax 93 44 54, Kategorie 2).* Schwimmen kann man in der öffentlichen Badeanlage *Galomar,* wo es einen Meerwasserpool und Treppen ins Meer gibt.

Einen Spaziergang ist die nahe gelegene Bucht *Reis Magos* wert, in der Fischer ihre Häuser haben, die ihren Fang rund um die unbewohnten Ilhas Desertas finden. In der Bucht gibt es einen Kiesstrand zum Baden.

Curral das Freiras **(C 4)**
Curral das Freiras heißt übersetzt »Stall der Nonnen« und geht auf die Glaubensschwestern des Funchaler Konvents Santa Clara zurück, die hier jenseits des westlich der Stadt gelegenen, 355 m hohen Pico dos Barcelos ihren wichtigsten Besitz hatten und Weidewirtschaft betrieben. Heute leben die Bewohner des Dorfes vom Kastanienanbau und stellen einen schmackhaften Kastanienlikör her. Besuchenswert ist das Restaurant *Nuns Valley (Casas Próximas, Tel. 71 21 77, Kategorie 3)* mitten im Ort, das so ungewöhnliche Gerichte wie Kastaniensuppe und -torte anbietet. *Von Funchal fährt sechsmal tgl. ein Bus (Linie 81) in knapp 60 Minuten hierher.*

Blütenpracht im Botanischen Garten oberhalb Funchals

Jardim Botânico **(D 4)**

★ Der Botanische Garten, der in einer Höhe von 300 m oberhalb Funchals liegt, bietet nun wirklich Blütenpracht satt. Ursprünglich der schottischen Weinhandels- und Hoteliersfamilie Reid gehörend, erwarb die Stadtverwaltung 1952 das weitläufige Gelände um das Reid-Landhaus Quinta do Bom Sucesso und machte es 1960 als Jardim Botânico der Öffentlichkeit zugänglich. Unter idealen Bedingungen gedeihen hier tropische und subtropische Pflanzen von geradezu schmerzender Schönheit. Leider sind die den Besucher führenden Hinweise nur Lateinisch und Portugiesisch. Es gibt aber an Funchals Kiosken eine Reihe von Pflanzenführern auch in deutscher Übersetzung, zum Beispiel das bedauerlicherweise nicht ganz billige Taschenbuch »Madeira – die Blumeninsel« von Guido de Monterey (Verlag Carvão, Funchal, 1750 Esc.), das geradezu jede im Botanischen Garten wachsende Pflanze in Farbbildern zeigt und auf deutsch erklärt. Zum Komplex des Jardim Botânico gehört im ehemaligen Herrenhaus das *Museu de História Natural,* ein naturgeschichtliches Museum mit einer Sammlung ausgestopfter Tiere und Fossilien, die der deutsche Pater und Ornithologe Ernesto João Schmitz schon im 19. Jh. begründete. Außerdem angegliedert sind der *Jardim dos Loiros,* ein Vogelpark mit Papageien, Kakadus und Loris, sowie der *Jardim Orquídea,* ein Orchideengarten, in dem man allerhand über die Aufzucht dieser edlen Pflanzen erfährt. *Jardim Botânico, Jardim dos Loiros, Jardim Orquídea tgl. 8–18 Uhr, Museu de História Natural tgl. 9–12.30 und 13.30–17.30 Uhr, Eintritt: 350 Esc. plus 350 Esc. für den Vogelpark. Von Funchal fährt ein Bus (Linie 30) ab Avenida do Mar alle halbe Stunde in gut 30 Minuten hinauf.*

Monte **(D 4)**

★ Funchals Villenvorort, am oberen Stadtrand in 600 m Höhe, ist, da kann man sich festlegen, der meistbesuchte Ausflugsort der Insel. Das liegt zum einen an der Kirche *Nossa Senhora do Monte* aus dem 18. Jh. Die Jungfrau von Monte ist die Schutzheilige der Insel und wird alljährlich am 15. August mit Madeiras größtem religiösen Fest geehrt, das nicht nur Wallfahrt, sondern auch Kirmes ist. Im Innern der Kirche, deren Vorgängerin im 16. Jh. gebaut worden war, weil hier angeblich einem Schäfermädchen die Jungfrau Maria erschienen war, fand Karl von Habsburg, der letzte Kaiser von Österreich, seine letzte Ruhe. Zum anderen aber macht den Reiz Montes die Möglichkeit aus, auf einem Korbschlitten über das jetzt leider asphaltierte Kopfsteinpflaster zu Tale zu sausen. Einst ein ganz und gar normales öffentliches Nahverkehrsmittel, hat sich das Korbschlittenfahren längst zu einer begeisternden Touristenattraktion entwickelt. Unterhalb der Korbschlittenstation kann man seit 1991 die sorgfältig hergerichtete Gartenanlage *Jardins Monte Palace* mit Schwanenteich, Gartenbar und einem echten japanischen Garten besuchen *(Mo–Fr 9–18 Uhr, Eintritt: 1000 Esc.). Von der Avenida do Mar in Funchal fahren Busse (Linien 20 und 21) im Halbstundentakt in 30 Minuten hinauf nach Monte.*

Aus dem Wasser direkt ins Hochgebirge

Im östlichen Teil zeigt sich Madeira von seiner wahren, seiner abwechslungsreichen Seite

Der Osten Madeiras – vom die Insel geographisch ohnehin trennenden Paß Boca da Encumeada bis zur östlichsten Inselspitze, der Ponta de São Lourenço – packt den Reisenden durch einen Abwechslungsreichtum, den in anderen Teilen der Welt nicht einmal ganze Länder aufzuweisen haben. Da gibt es Touristen-Hochburgen mit all ihren Vor- und Nachteilen, da existieren noch abgelegene Fischerdörfer, in denen man den Kampf um die Erhaltung von Walen im Meer längst noch nicht aufgegeben hat, da lockt eine Hochebene mit einem 27-Loch-Golfplatz, und da ist schließlich ein veritables kleines Hochgebirge mit zwei Achtzehnhundertern und einem Siebzehnhunderter, für das man sich ganz schön warm anziehen muß – und all das findet man auf nicht einmal 400 Quadratkilometern.

Der Pico do Arieiro ist mit 1861 Metern der zweithöchste Berg Madeiras

Schauen wir uns diese *variedade*, diese bunte Mischung, noch etwas genauer an.

MACHICO

(**E 4**) Hier also, in der Bucht von Machico, begann die Geschichte des neuzeitlichen, von Menschen bewohnten Madeira. An dieser Stelle betraten João Gonçalves Zarco und seine Mannen 1419 die neu entdeckte Insel, weshalb die Bucht bisweilen auch *Baía de Zarco* genannt wird. Eine der vielen Legenden, die Madeiras Entdeckung im frühen 15. Jh. umranken, besagt, daß Zarco am Strand ein hölzernes Kreuz gefunden haben soll, auf dem die Geschichte des englischen Liebespaares Robert Machyn und Anne Dorset eingeritzt war, die hier gestrandet sein sollen. Außerdem wurde der Finder des Kreuzes aufgefordert, an genau diesem Platz eine Kirche zu bauen. Der gute Zarco kam dieser Aufforderung schon sechs Jahre später nach

BESICHTIGUNGEN

Banda d'Além
Das Fischerviertel am Ostrand von Machico, das einst zu den ärmsten Teilen des Ortes gehörte, putzt sich heraus. Rund um den Hauptplatz Largo Senhor dos Milagres gibt es hübsche Cafés und Geschäfte. Die Fischer allerdings verkaufen ihren Fang ein paar Schritte weiter in Richtung Zentrum, an der Lota, direkt am groben Kiesstrand. Eine Spezialität im Sommer ist der getrocknete *gaiado,* eine kleine Thunfischart.

Capela do Senhor dos Milagres
Die Kapelle des wundertätigen Christus steht am gleichnamigen Platz im Fischerviertel Banda d'Além. Sie ist das Gotteshaus, das Zarco angeblich 1425 erbauen ließ, um der eingeritzten Forderung auf dem gefundenen Holzkreuz nachzukommen. Damit dürfte die Kapelle der älteste Sakralbau Madeiras sein. Von ihm sind heute allerdings nur noch das Kreuz des Christusordens am Giebel und das Spitzbogenportal erhalten. Nach Feuersbrünsten und Naturkatastrophen mußte die Kapelle mehrmals wieder aufgebaut werden.

Fortaleza de São João Batista, Fortaleza de Nossa Senhora do Amparo
Die beiden die Bucht von Machico noch bewachenden Burgen – eine dritte fiel einem Hotelneubau zum Opfer – kann man leider nur von außen betrachten. An die Zeit, in der die Festungen Piratenüberfälle abwehren sollten, erinnert alljährlich am letzten Julisonntag ein Fackelzug durch die Gemeinde Nossa Senhora da Conceição.

Nossa Senhora da Conceição
Sehenswert an dem um 1500 im manuelinischen Stil erbauten Gotteshaus ist das Zwillingsportal

MARCO POLO TIPS FÜR DEN OSTEN

1 **Albatroz**
Lassen Sie sich im Beachclub an der Straße zwischen Santa Cruz und Machico verwöhnen (Seite 62)

2 **Igreja de São Jorge**
Besuchen Sie die Kirche mit dem wunderschönen Azulejos-Fries (Seite 65)

3 **Miradouro dos Ingleses**
Schauen Sie in Santo da Serra bis hinüber zur Nachbarinsel Porto Santo (Seite 62)

4 **Museu da Baleia**
Lernen Sie in Caniçal, wie hart die Arbeit der Walfänger war (Seite 60)

5 **Pico do Arieiro/Pico Ruivo**
Wandern Sie zwischen den höchsten Bergen Madeiras hin und her (Seite 63)

6 **Ribeiro Frio**
Holen Sie sich in der Forellenzuchtstation Appetit auf diesen schmackhaften Fisch (Seite 64)

Terrassierte Hügel bei Machico

mit drei schlanken Marmorsäulen, das König Manuel I. der Gemeinde Machico schenkte. *Largo do Município*

Município

Das erst am Anfang dieses Jhs. gebaute Rathaus beherbergt die Kreisverwaltung der Region, zu der außer Machico noch die Gemeinden Água de Pena, Caniçal, Porto da Cruz und Santo da Serra gehören. Beachtenswert sind die beiden Stadtwappen. Das alte prangt über dem Eingang. Es zeigt ein Armillarsphäre genanntes astronomisches Gerät zum Messen der Himmelsbahnen. König Manuel I. soll es der Stadt 1499 verliehen haben. Erdverbundener wirkt das neue Wappen, das die Stadt 1947 bekam: Es zeigt die Bewässerung von zwei Zuckerrohrpflanzen und hängt an der Decke der Eingangshalle.

RESTAURANTS

El Padrino

Der Standard des Fischrestaurants ist außergewöhnlich. *Serra d'Água, Tel. 96 24 33, Kategorie 1*

Marisqueira de Machico

Es werden à la carte vor allem frische Meeresfrüchte serviert. *Ganztägig geöffnet, Poço Gil, Tel. 96 27 92, Kategorie 2*

Mercado Velho

Auch bei Einheimischen ist die Café-Terrasse sehr beliebt. *Rua Mercado, Tel. 96 23 70, Kategorie 3*

HOTELS

Dom Pedro Baía

Die sehr gut ausgestattete Hotelanlage hat einen großen Meerwasser-Poolbereich, aber auch über einen steinigen Strand Zugang zum nahen Meer. Zum Ortszentrum sind es 300 m. Abends ist das Hotel Ziel vieler Jugendlicher, weil es eine – schlafen wollende Gäste brauchen keine Angst zu haben – schallisolierte, sehr beliebte Diskothek hat. *218 Zi., Estrada de S. Roque, Tel. 96 57 51, Fax 96 68 89, Kategorie 2*

Pensão Machico
Eine kleine Pension mitten im Ort hat nette, helle Zimmer. *14 Zi., Praça Salazar, Tel. 96 35 11, Kategorie 3*

AUSKUNFT

Posto de Turismo im Edifício da Paz
Mo–Fr 9.30–12.30 und 14–17.30, Sa 9.30–12 Uhr, Rua do Ribeirinho, Tel. 96 57 12

ZIELE IN DER UMGEBUNG

Água de Pena **(E 4)**
Im Südwesten von Machico liegt die Feriensiedlung Água de Pena mit einem großen Freizeitsportangebot. Es gibt Tennis- und Badmintonplätze, Minigolf, Sauna, Pools und eine Felsbadeanlage. Wegen des umfangreichen Ausbaus des Funchaler Flughafens in Santa Cruz ist Água de Pena jedoch derzeit touristisch praktisch lahmgelegt. Die Arbeiten sollen fünf Jahre dauern. Einen Abstecher lohnt dennoch der hochgelegene Aussichtspunkt *Miradouro Francisco Álvares de Nóbrega.* Von hier aus hat man einen schönen Ausblick ins Tal von Machico. Hügel und Aussichtsplattform sind nach einem bekannten Dichter Portugals benannt. Er wurde 1773 in Machico geboren, studierte am Priesterseminar in Funchal und fiel später wegen seiner kirchenkritischen Verse in die Hände der Inquisition. Im Gefängnis erkrankte er an Lepra und beging 1807 Selbstmord.

Caniçal **(F 4)**
Durch einen 750 m langen Tunnel erreicht man seit 1956 Madeiras östlichste Gemeinde Caniçal. Man hofft, an die Tourismuserfolge des Nachbarortes Machico anschließen zu können. Allerdings gibt es neben der Pension *Residencial Prainha Sol (15 Zi., Palmeira Cima, Tel. 96 24 38, Fax 96 16 56, Kategorie 2)* bislang nur Privatunterkünfte. Caniçal war einst ein berühmter Walfangort. Über die große Tradition informiert das Walmuseum ★ *Museu da Baleia (Di–Fr 10–17, Sa und So 10–18 Uhr, Eintritt: 200 Esc., Banda Além).* Seit 1990 kann man hier Dokumente und Schaustücke sehen. Ein erklärender Videofilm mit deutschem Kommentar wird auf Wunsch gezeigt. Seit 1981 im Washingtoner Artenschutzabkommen festgelegt worden ist, daß Pott-, Finn- und Seiwale geschützt sind und nicht mehr gejagt werden dürfen, haben die Fischer von Caniçal ihre Netze eingeholt. Etliche von ihnen haben sich auf die andere Seite geschlagen. Sie helfen nun der madeirensischen Umweltschutzorganisation BIOS, die 1986 durchsetzte, daß die Hoheitsgewässer rund um Madeira zu einem Nationalpark für Meeressäugetiere gemacht wurden. Die Fischer überwachen nun das Verbot, Delphine, Wale und die seltene Mönchsrobbe zu jagen, die es nur noch auf den Ilhas Desertas gibt. Daß anderes Meeresge-

tier sehr wohl noch gefangen werden darf, davon kann man sich im Fischrestaurant *Prainha Sol (Palmeira Cima, Tel. 96 24 38, Kategorie 2)* überzeugen. Bevor man den Tunnel von Machico nach Caniçal durchfährt, kann man nach rechts auf eine schmale Straße abbiegen. Sie führt auf den 329 m hohen *Pico do Facho* hinauf, der ehemals als Ausguck für Späher diente, die die Bewohner von Machico vor Piratenüberfällen warnen sollten. Auch heute noch kann man von der Aussichtsplattform weit übers Meer bis nach Porto Santo und zu den Ilhas Desertas schauen.

Ponta de São Lourenço **(F 3)**
Die Halbinsel São Lourenço, die sich wie ein Finger ins Meer erstreckt, ist wahrscheinlich der trockenste Punkt der Insel. Es regnet selten, und die Meereswinde fegen oft über die bizarre Felsenlandschaft. Die Straße von São Lourenço endet an der Abra-Bucht auf einem Parkplatz, an dem meistens ein mobiler Kiosk Erfrischungen anbietet. Den Rest des Weges bis zur Inselspitze muß man zu Fuß zurücklegen. Dann blickt man auf die beiden vorgelagerten Felseninseln *Ilhéu de Agostinho* und *Ilhéu de Fora,* auf letzterer weist ein Leuchtfeuer den Schiffen den Weg. Auf dem Rückweg nach São Lourenço kommt man am kleinen Strand *Prainha* vorbei, den auch die Einheimischen an den Wochenenden besuchen. Er besteht aus schwarzem, feinem Lava-Sand.

Bizarre Lavafelsen an der Halbinsel São Lourenço, der Ostspitze Madeiras

Santa Cruz **(E 4)**
Die gut sieben Kilometer von Machico entfernte Gemeinde ist heute bei Reisenden hauptsächlich durch ihre Nähe zum Flughafen bekannt, womit man ihr ein wenig Unrecht tut. Denn neben Machico gehört Santa Cruz wohl zu den ältesten Siedlungen auf Madeira. Und weil der Ort im 15. Jh. durch den Zuckerexport auch richtig reich geworden war, baute man für die selbständige Kirchengemeinde das größte Gotteshaus außerhalb Funchals: *Igreja de San Salvador.* 1533 gab Joao de Freitas, damaliger Lehnsherr von Ost-Madeira, den manuelinischen Bau in Auftrag. Sein Grab, abgedeckt mit einer Schieferplatte aus Flandern, befindet sich im Chor. Aus manuelinischer Zeit sind die gotischen Gewölbe und das Zwillingsportal im Chor erhalten. Ein kleiner Schatz wird in der Sakristei aufbewahrt: Azulejos aus dem 16. Jh. Diese bemalten Fliesen gelten als spanisch-maurische Belege für die Anfänge der dann in Portugal

verfeinerten Kunst. Vermutlich stammen sie aus dem nahen Franziskanerkloster *Nossa Senhora da Piedade,* dessen Reste 1964 für den Bau des Flughafens abgerissen werden mußten. Lohnend in Santa Cruz ist ein Spaziergang durch die *Altstadt.* Und baden kann man auch: Die 1990 eröffnete Badeanlage *Praia das Palmeiras (tgl. 9–19 Uhr)* steht, wie es der Name schon sagt, unter Palmen, hat eine bewachte Meeres-Badezone, ein Kinderschwimmbecken und einen Pool mit Rutsche. Ganz in der Nähe kann man in einer kleinen *Markthalle (Mo–Sa 7–16, So 7–12 Uhr)* Frischprodukte für ein Picknick am Wasser einkaufen. Ein Ausflug nach Santa Cruz lohnt aber auch deshalb, weil es im und um den touristisch noch nicht überlaufenen Ort ein paar nette Gasthäuser gibt, von denen eines besonders zu empfehlen und deshalb leider auch nicht mehr ganz so unbekannt ist (telefonische Tischbestellung ist angeraten): Das ★ *Albatroz (Sítio da Terça, Tel. 52 41 42, Kategorie 1)* an der Straße nach Machico hat einen eigenen Beachclub mit Swimmingpool. Wohnen kann man in Santa Cruz in der ordentlichen Pension *Pensão Matos (12 Zi., Rua da Praia 33, Tel. 5 21 62, Kategorie 3).*

Santo da Serra (E 4)
Der westlich von Machico gelegene Ort, in dem die meisten Bewohner von der Viehzucht leben, heißt mit ganzem Namen *Santo António da Serra* und war früher wegen der herrlichen Landschaft begehrt als Sommersitz der reichen Familien. Auch die Blandys hatten hier ein Anwesen. Ihre *Quinta do Santo da Serra* in der Nähe der wenig sehenswerten, dem heiligen Antonius gewidmeten Kirche aus dem 19. Jh. ist heute zu einem öffentlichen Park umgestaltet worden. Es gibt dort Spiel- und Picknickplätze, einen kleinen zoologischen Garten und sogar ein Fußballfeld. Am Wochenende kommen viele Einheimische hierher. In Santo da Serra gibt es auch einen empfehlenswerten Aussichtspunkt: Vom ★ *Miradouro dos Ingleses,* einem in den Fels gehauenen Balkon, auf dem früher Späher die Ankunft von Kauffahrerschiffen beobachteten, sieht man bis zur Nachbarinsel Porto Santo. Am bekanntesten aber ist die Umgebung von Santo da Serra wegen seines Golfplatzes. Am Wochenende ist der Parcours zwar ziemlich überlaufen, aber unter der Woche kommen auch Touristen gut zum Abschlag. Informationen und Anmeldungen: *Campo de Golfe da Madeira, Tel. 55 23 45 und 55 23 56.* Hier oben, auf gut 700 m Höhe, kann man auch recht komfortabel übernachten. Die *Estalagem Santo da Serra,* im regionalen Baustil renoviert und kürzlich neu eröffnet, gewährt ein ruhiges Quartier in familiärer Atmosphäre. Wegen der geringen Zimmeranzahl sollte man rechtzeitig buchen *(12 Zi., Tel. 55 26 11, Fax 55 25 96, Kategorie 2).* Die Gegend bietet sich für Wanderungen an.

PORTO DA CRUZ

(E 3) Im Nordosten von Madeira gibt es jede Menge Natur und manches zu sehen, doch kaum ein Reisender verbringt seinen ganzen Urlaub hier. Es gibt nur wenige Hotels und Restaurants. Um die Ausflugsziele für diesen

Führer zu bündeln, haben wir den kleinen Küstenort Porto da Cruz zum Ausgangspunkt für diesen Teil ausgesucht. Der Name stammt von den ersten Siedlern, die in ihrem Hafen *(porto)* ein Kreuz *(cruz)* errichtet hatten. Der Zuckerrohranbau hat hier eine große Tradition, und es gibt sogar noch eine arbeitende Zuckermühle. Hier werden im übrigen auch andere Traditionen gepflegt. Deshalb kann man in den Wochen der Weinlese durchaus noch echte *borracheiros* sehen. Das sind Männer, die den Wein in Ziegenlederschläuchen transportieren. Am Ortsrand zeugen ein paar langsam verfallende Herrenhäuser von der einstigen Bedeutung des Ortes.

RESTAURANT

Penha de Ave
In der Nähe der Kirche, also im Ortszentrum, liegt dieses Gasthaus, in dem die regionale Küche gepflegt wird. *Casas Próximas, Tel. 56 21 27, Kategorie 2*

STRAND

Am grauen Strand aus Vulkansand gehen im Sommer auch die Einheimischen schwimmen.

ZIELE IN DER UMGEBUNG

Arco de São Jorge (D 2–3)
An der Straße zur Felsnase Arco de São Jorge liegt ein viel besuchter Aussichtspunkt mit dem Namen *Cabanas.* Da hier auch jeder Ausflugsbus hält, gibt es einen Andenkenkiosk und das Restaurant *As Cabana (Beira da Quinta, Tel. 57 62 91, Kategorie 2),* in dem die saftigen Rindfleischspieße *Espetada* zu frischen Salaten sehr zu empfehlen sind.

Faial (E 3)
Der zauberhafte Ort mit seiner Kirche aus dem 18. Jh. ist alljährlich Ziel einer großen Wallfahrt. Faial, das zwischen Gemüsegärten und Weinhängen liegt, lohnt aber auch wegen der *Penha de Aguia* (Adlerfelsen) einen Besuch. Von dem 590 m hohen Hausberg hat man einen schönen Blick. Die Seeadler, die früher hier nisteten, kommen leider längst nicht mehr. Am Weg hinauf zu den Aussichtsbalkonen gibt es eine winzige Felsenkapelle.

Pico das Torres (D 3)
Der dritte, 1851 m hohe Gipfel des höchsten Gebirgszuges der Insel sollte sicherheitshalber nur mit richtiger Kletterausrüstung bestiegen werden. Er liegt westlich der Route zwischen den beiden anderen Bergen.

Pico do Arieiro (D 3–4)
★ Über den Paß *Paso de Poiso* kommt man auf einer gut ausgebauten Straße auf den mit 1861 m zweithöchsten Berg Madeiras. Vom Pico do Arieiro geht es weiter auf einem gut befestigten Weg, immer am Bergkamm entlang, zum 1862 m hohen *Pico Ruivo.* Auch wenn der Weg im ersten Teil gepflastert ist, sollte man auf jeden Fall knöchelhohe Wanderstiefel (keine Halbschuhe!) für diese Wanderung von Berg zu Berg anziehen. Unterwegs passiert man einen Aussichtsbalkon, der über dem Tal von *Fajã da Nogueira* zu schweben scheint. Man kann bis an die Nordküste sehen.

Ponta Delgada **(C 2)**
Der kleine Ort auf einer Landzunge hat ein Meerwasserschwimmbecken, das die Wellen des Atlantiks immer wieder von neuem auffüllen. Bedeutender für das sonst eher vor sich hin dösende Dorf ist eines der größten und ältesten Kirchenfeste Madeiras, das hier am ersten Sonntag im September gefeiert wird. Man ehrt damit ein hölzernes Kruzifix, das zur Gründungszeit der Dorfkapelle in einer Holzkiste angeschwemmt worden sein soll. Daraufhin weihte man das Kirchlein dem *Senhor Bom Jesus.* Von diesem Kreuz gibt es nur noch einen verkohlten Überrest, denn Feuer vernichtete die Jesuskirche 1908 fast völlig.

Portela **(E 4)**
Am Portela-Paß treffen die Straßen aus Machico, Porto da Cruz und Santo da Serra zusammen, und man hat einen schönen Panoramablick über Porto da Cruz, die Penha de Aguia und die Terrassen von Faial. Die Paßhöhe ist ein beliebtes Ausflugsziel, das auch von vielen Bussen angesteuert wird. Deshalb wird hier jede Menge Andenkentand angeboten. Wenn Sie in den Bergen wandern wollen, kaufen Sie sich hier lieber eine der wollenen Männermützen mit den herunterzuklappenden Ohrschützern, die einst zur Madeirenser Tracht gehörten und hier ebenfalls verkauft werden. Sie sind auch daheim bei einem eisigen Winterwind sehr praktisch. Bei Nebel und Regen, die es hier selbst dann geben kann, wenn unten noch die Sonne scheint, gilt dies allemal.

Queimadas **(D 3)**
Aus dem Küstenort Santana führt eine nicht sonderlich gut gepflegte Pflasterstraße in den 900 m hoch gelegenen Park von Queimadas. Wegen der hohen Luftfeuchtigkeit gibt es hier eine üppige Vegetation, durchsetzt von kleinen Bächen und Tümpeln, in denen viele Wassertiere und -vögel leben. In den Queimadas stehen zwei *casas de abrigo,* staatliche Berghütten, in denen man nach schriftlicher Voranmeldung Ferien machen kann.

Ribeiro Frio **(E 3)**
★ Der Ort, wörtlich übersetzt: kalter, frostiger Fluß, besteht nur aus ein paar Häusern und, das ist das wichtige, der Forellenzuchtstation. Pro Jahr werden in diesem wasserreichen Gebiet an die 90 000 Forellen aufgezogen, in den Flüssen der Insel ausgesetzt und dort an bestimmten Plätzen zum Angeln freigegeben. Fangfrische Forellen bekommt auch der Nichtangler – und zwar in dem nicht weit von Ribeiro Frio entfernten Gasthaus *Sanroque (Casa de Chá, in São Roque do Faial, Tel. 57 52 49, Kategorie 2).* Ist man einmal in Ribeiro Frio, bietet sich ein Spaziergang durch den Parque Florestal an, ein Naturreservat, das von der Forstverwaltung gepflegt wird. Eindrucksvoll löst sich dichter Lorbeerwald mit wunderschönen Blumen ab. Von dort, wo die Straße die *Levada do Furado* quert, kann man am Rande dieses Wasserlaufs in einer knappen halben Stunde zum Aussichtspunkt *Balcões* gehen, von wo man sehr schön Madeiras mächtigsten Höhenzug mit den drei höchsten Gipfeln sehen kann.

Santana – eines der typischen Casas de Colmo

Santana **(D 3)**
Die Straße, auf der man Madeira ganz umrunden kann, führt bei Santana von der Küste fort in eine Gegend hinein, die besonders fruchtbar ist. Deshalb ist dies ein Landstrich der Bauern. Früher baute man Flachs, Kartoffeln und Weizen an. Heute bringt Mais das meiste Geld. Zu den Landwirten von Santana, das seinen Namen übrigens von der kleinen Kapelle *Santa Ana* aus dem 16. Jh. hat, die 100 Jahre später durch eine größere Kirche ersetzt wurde, gehören die traditionellen *Casas de Colmo,* Strohhäuser, deren reetgedeckte Dächer bis auf die Erde reichen. Was früher Lebenswirklichkeit war, ist heute touristisch entfremdet. Die Regierung hat mitten in Santana neben dem modernen Rathaus drei solcher Casas de Colmo wieder aufbauen lassen. In einem werden Andenken verkauft, im anderen ist eine öffentliche Toilette untergebracht, und im dritten steht dann tatsächlich Originalmobiliar, so daß man sich ein Bild vom früheren Alltag der Bauern machen kann. Da das Leben in diesen Häusern, die hier zuerst gebaut worden sein sollen, sehr beschwerlich war, sind sie von Madeira, von den Azoren und aus Nordportugal, wohin man sie exportiert hatte, fast ganz verschwunden. Direkt neben den Hütten befindet sich das besuchenswerte Restaurant, das das Stroh, wie könnte es anders sein, im Namen trägt: *O Colmo (Serrado, Tel. 57 46 66, Kategorie 2).*

São Jorge **(D 2)**
Der Ort hat mit der ★ *Igreja do São Jorge* zweifellos die schönste Kirche an Madeiras Nordküste. Nachdem eine frühe Pfarrkirche direkt am Meer im 17. Jh. durch eine Überschwemmung vernichtet worden war, baute man das Gotteshaus im 18. Jh. auf einer Anhöhe. Der von außen eher unscheinbare Sakralbau im Barockstil ist drinnen eine Wucht. Es gibt einen Azulejos-Fries, wie man ihn schöner auf der Insel nicht finden kann. Die Schnitzereien an der Altarrückwand sind vergoldet.

Die versteckten Paradiese

Die wichtigen Punkte von Madeiras Westteil erreichte man früher nur auf dem Seeweg. Auch heute findet man hier noch einsame, natürliche Schönheit

Eine Straße gibt es zwar inzwischen rund um den Westen Madeiras und eine sogar quer hindurch, aber man muß schon das Autofahren mit einer gewissen Leidenschaft betreiben, um die vielen Auf- und Abstiege mit Serpentinen und Spitzkehren wirklich zu mögen. Ecken und Buchten, die einst nur von See her mit dem Schiff angelaufen werden konnten, sind jetzt auch auf dem Landweg zu erreichen. Und trotzdem: Es gibt noch jede Menge verschwiegener Paradiese zu entdecken, denn der Weg von Funchal aus ist weit und, wie gesagt, beschwerlich. Allerdings fahren für Automüde auch Busse und selbstverständlich Taxen, deren Fahrer jede Kurve im Schlaf zu kennen scheinen. Eines gilt ganz sicher: Wer den Westen erobern will, muß sich mindestens auf eine Tagesfahrt einrichten, da allein die An- und Abfahrt trotz der verhältnismäßig geringen Entfernung zwischen fünf und sechs Stunden dauert. Machen wir uns also auf in die *solidão,* in die Einsamkeit.

Die eindrucksvolle Kirche in Ribeira Brava

CALHETA

(**A 4**) Das Städtchen mit 5500 Ew. gilt zwar als wichtigster Ort im Südwesten Madeiras, seine Bedeutung für den Fremdenverkehr hält sich allerdings immer noch in Grenzen, auch wenn inzwischen Ausflugsboote aus Funchal hier haltmachen. Entwickelt hat sich Calheta sehr früh. Madeira-Entdecker Zarco, dem wir schließlich überall begegnen, hatte einer Tochter und einem Sohn gewaltige Ländereien in der Gegend übereignet, die diese zum Anbau von Zuckerrohr nutzten. Schon 1502 erhielt Calheta Stadtrechte mit einem Zollposten, an dem hauptsächlich die Steuern für den Zuckerexport erhoben wurden. Heute gilt Calheta als Zentrum des Getreide- und Weinanbaus.

BESICHTIGUNGEN

Central Hidroeléctrica
Nördlich von Calheta steht eines der vier Wasserkraftwerke Ma-

MARCO POLO TIPS FÜR DEN WESTEN

1 **São Bento**
Ein gefliester Glockenturm, der weithin sichtbar ist (Seite 74)

2 **Piscinas do Porto Moniz**
Die Brandung sorgt im Schwimmbad für frisches Wasser (Seite 71)

3 **Ribeira da Janela**
Ein Lorbeerkranz für die Lorbeerhänge im schönsten Tal (Seite 73)

4 **Paúl da Serra**
Die verwunschene Hochebene ist sogar bei Nebel sehenswert (Seite 70)

deiras. Doch obwohl man meinen sollte, daß sich die regenreiche Insel gerade auf diesen Energiespender verlassen können müßte, schwinden die Wasserreserven. Nur noch 20 Prozent des Energiebedarfs werden durch die Wasserkraft gedeckt. Nicht zuletzt aus Umweltschutzgründen, um also die Energiegewinnung aus importiertem Erdöl einzudämmen, arbeitet man auf Madeira mit großem Engagement an Nutzungskonzepten für die En ergie aus Wind, von dem man ja noch mehr hat als Wasser.

Moinho de açúcar

In Strandnähe findet man die Ruine einer Zuckermühle, die erst Anfang des 20. Jh. errichtet worden war, als die Bedeutung der Zuckergewinnung in Calheta noch einmal anstieg.

Pfarrkirche

Bereits 1430 begann man in Calheta mit dem Bau einer Kirche. Doch Spuren von Erweiterungen und Veränderungen sind bis weit in das 18. Jh. zu erkennen. Eindrucksvoll ist die spanisch-maurische Decke des Chors mit zum Teil ganz realistischen Bildern aus manuelinischer Zeit. Ein Geschenk des portugiesischen Königs Manuel I. zur Stadtgründung im Jahr 1502 ist das dreistöckige Sakramentshäuschen aus Ebenholz mit bewundernswerten silbernen Einlegearbeiten. *Unregelmäßig geöffnet, Vila*

RESTAURANTS

Onda Azul

Direkt am Strand gelegen, hat das Gasthaus eine schöne Sonnenterrasse. Auf der Karte stehen Meeresfrüchte in allen Variationen. *Praia da Calheta, Tel. 82 32 30, Kategorie 2*

Praça Velha

Gemütliches Restaurant mit regionalen Spezialitäten. *Vila, Tel. 82 27 66, Kategorie 2*

STRAND

Calheta hat zwar offiziell einen Strand, aber man muß wissen, was darunter zu verstehen ist: Sand gibt es hier nicht, sondern Kies, der manchmal auch die Form von kleineren Wackersteinen annimmt. Oberhalb des Kiesstrandes wurde eine Betonterrasse gebaut, auf der Sonnenliegen aufgestellt werden.

ZIELE IN DER UMGEBUNG

Arco da Calheta **(B 4)**
Die Siedlung, die näher an Funchal liegt, ist noch älter als Calheta selber. Auch hier gab es zunächst Zuckerrohrplantagen. Besuchenswert ist Arco da Calheta aus zwei Gründen. Man kann auf den vier km außerhalb liegenden, 846 m hohen Berg *Pico do Arco* steigen und hat eine wunderbare Aussicht auf Madeiras Südwesten. Sehenswert ist die *Kapelle der Heiligen Jungfrau* im Ortsteil *Loreto,* die 1510 geweiht wurde. Die geschnitzte Holzdecke ist blau-weiß bemalt. Das erhaltene Südportal zeigt Madeiras manuelinischen Baustil besonders gut.

Estreito da Calheta **(A 3–4)**
Calhetas Nachbarort liegt 400 m über dem Meer. Ein Abstecher lohnt wegen der Drei-Königs-Kapelle *(Capela dos Reis Magos).* Sie ist eines der ganz wenigen Bauwerke auf der Insel, in denen man den manuelinischen Baustil noch völlig unverfälscht sehen kann. Eindrucksvoll ist das geschnitzte, dreiteilige Altarbild, das einem Künstler des 16. Jhs. aus Antwerpen zugeschrieben wird. Das kürzlich restaurierte Kunstwerk stellt die Heiligen Drei Könige dar, wie sie dem Jesuskind ihre Ehrerbietung zeigen. Leider sind Kirche und Kirchhof meist abgeschlossen. Man kann sich dann aber im Nachbarhaus den Schlüssel geben lassen.

Jardim do Mar **(A 3–4)**
Die Straße, die in diesen »Garten am Meer« hinunterführt, gibt es erst seit 1969. Neubauten, in denen sich Madeirenser, die als Auswanderer ihr Glück gemacht haben, ihren Alterssitz geschaffen haben, bestimmen das Ortsbild. Diese »Reichen« haben sich auch maßgeblich am Neubau der Pfarrkirche *Nossa Senhora do Rosário* beteiligt. Das Ergebnis: ein kitschiger Abklatsch der weltberühmten Kirche Notre-Dame in Paris.

Ponta do Pargo **(A 3)**
Der westlichste Punkt Madeiras hat seinen Namen bekommen, weil der Legende nach zur Zeit der ersten Besiedlung ein besonders großes Exemplar des auf der Insel sehr beliebten Fisches *Pargo* (Seebrasse oder Rotauge) gefangen wurde. Gut 1,5 km außerhalb des Ortes kann man tatsächlich in 375 m Höhe am westlichsten Punkt stehen. Dort schickt ein Leuchtfeuer seine Warnung für die Schiffe auf das Meer. Und es gibt eine Aussichtsterrasse, von der aus man die Westküste überblicken kann.

PONTA DO SOL

(B 4) Zwei große Namen werden mit dem südlichen Küstenort verbunden: der des Entdeckers Christoph Kolumbus und der des amerikanischen Schriftstellers John Dos Passos. Kolumbus soll hier im Herrenhaus seines Freundes João Esmeraldo, eines reichen Zuckerrohrfarmers und Sklavenhalters, zu Gast gewesen sein. Der Großvater von John Dos Passos, neben Ernest Hemingway und John Steinbeck einer der wichtigen amerikanischen Schriftsteller (»Manhattan Transfer«), hat hier gelebt. Während es für den Aufenthalt von

Kolumbus keine Belege gibt, weist eine Gedenktafel am ehemaligen Wohnhaus von Großvater Dos Passos in der *Rua Príncipe D. Luís I.* auf den großen Nachkommen der Familie aus Ponta do Sol hin. Der Ort lebt hauptsächlich vom Bananenanbau, auch wenn man um die Mitte des 19. Jhs. durch den Bau eines Schiffsanlegers *(cais)* hoffte, Touristen anlocken zu können. Es bleibt allerdings beim Besuch einiger Neugieriger.

BESICHTIGUNGEN

Espírito Santo

Ursprünglich stand neben dem Esmeraldo-Herrenhaus im Ortsteil Lombada nur eine kleine Kapelle. Im 18. Jh. baute man eine richtige Kirche, deren blau-weiße Azulejos mit Motiven über die Opfergaben für den Heiligen Geist man noch heute bewundern kann.

Lombada

Der Ortsteil oberhalb des Ortskerns ist aus der größten Zuckerrohrplantage der Insel entstanden, auf der Zuckerrohrfarmer João Esmeraldo, der die Plantage vom Zarco-Sohn Rui Gonçalves da Câmara erworben hatte, mit ziemlicher Brutalität Sklaven und Landarbeiter zusammenpferchte. Als das Zuckerrohrgeschäft auf Madeira zusammenbrach, mußte Esmeraldo seinen Sklaven die Freiheit geben. Im ehemaligen Herrenhaus der Esmeraldos ist heute eine Schule untergebracht.

Nossa Senhora da Luz

Wie viele Sakralbauten weist die Kirche »Unserer Lieben Frau des Lichts«, deren Gründung ins 15. Jh. zurückreicht, einen Stilmix auf, weil immer wieder an ihr gearbeitet wurde. Aus der Gründungszeit erhalten geblieben ist eine Statue der Schutzheiligen, die heute zu den wertvollsten Kunstwerken Madeiras zählt. Außerdem sehenswert: das grüne Keramik-Taufbecken, das ein Geschenk von König Manuel I. sein soll.

ZIELE IN DER UMGEBUNG

Madalena do Mar (B 4)

Um das Fischerdorf westlich von Ponta do Sol rankt sich die Legende von Heinrich dem Deutschen *(Henrique Alemão)*. Der soll den Ort 1457 gegründet haben. Historiker halten es für möglich, daß sich hinter diesem Pseudonym der für tot gehaltene Polen-König Ladislaus III. verborgen haben könnte. Er soll nach einer Schlachtenniederlage zunächst ins Heilige Land gepilgert sein und dann den König von Portugal um Asyl gebeten haben. Bis zu seinem Tod soll er in einem Haus gelebt haben, das heute noch unterhalb der Kirche steht. Man erkennt es an einem Adelswappen neben der Eingangstür.

Paúl da Serra (B–C 3)

★ Die besonders reizvolle Hochebene *Paúl da Serra* im Zentrum von West-Madeira kann man zwar auch noch von anderen Orten aus ansteuern. Doch der einfachste Weg führt von Ponta do Sol hinauf. Man fährt die Küstenstraße in Richtung Westen, passiert den nicht weiter sehenswerten Ort Canhas und zweigt dann nach rechts ins

Hochland ab. Nun geht es bald ziemlich steil durch Eukalyptuswälder auf die durchschnittliche Höhe von 1300 m hinauf. Kurz vor Erreichen der Ebene sieht man linker Hand die Christusstatue Herr des Gebirges *(Senhor da Montanha),* die man hier 1970 auf königlichem Weideland *(Terras d'El Rei)* aufgestellt hat. Der Name der Ebene bezeichnet ziemlich genau, was hier durch Klima und Vegetation passiert. Paúl da Serra heißt Gebirgssumpf. Oft liegt die Hochebene, deren höchste Erhebung der 1640 m hohe *Ruivo do Paúl* ist, unter dichter Bewölkung oder im Nebel. In zahlreichen Senken sammelt sich die Feuchtigkeit. Im Norden fließt Wasser in Wasserfällen, Stromschnellen und Bächen ab. Genutzt wird das Plateau vor allem zur Schafzucht, aber auch Kühe und Ziegen treten hier – eine Seltenheit im sonst unebenen Madeira – in Herden auf. Die Schafe sind es auch, die einmal im Jahr für einen großen Menschenauftrieb in der Paúl da Serra sorgen. Im Juni wird das Fest der Schafschur gefeiert. Es hat Kirmescharakter (das genaue Datum weiß man im Touristik-Amt von Funchal). Ansonsten ist die Hochebene eher etwas für einsame Wanderer, die sich an der Natur erfreuen wollen und bei klarem Wetter herrliche Ausblicke genießen. Auf dem *Campo Grande* findet man mit der *Bica da Cana* (Höhe: 1620 m) den schönsten Aussichtspunkt. Dort befindet sich auch eine *casa de abrigo,* das *Forsthaus Bica da Cana,* in dem man nach schriftlicher Anmeldung im Forstamt übernachten kann. Allerdings ist es gerade an Wochenenden auf viele Monate im voraus ausgebucht. Es fährt kein Bus von Funchal in die Paúl da Serra hinauf.

PORTO MONIZ

(**B 2**) Obwohl am weitesten von Funchal entfernt, hat sich Porto Moniz zu einem der Touristenorte Madeiras entwickelt. Der Grund: Sein ★ *Naturschwimmbecken,* das durch die natürliche Brandung des Atlantiks gespeist wird, lockt Schwimm- und Badebegeisterte von überall her an. Auf einer Landzunge aus Lavagestein ins Meer hinaus gebaut, geht die Geschichte von Porto Moniz bis in das Jahr 1533 zurück. Damals ließ sich der Portugiese Francisco Moniz hier nieder, um die ihm von der portugiesischen Krone überlassenen Ländereien zu verwalten. Auf seinem ehemaligen Besitz wird heute der für Madeira so charakteristische Wein angebaut. Gegen den Wind vom Atlantik schützt man die Rebstöcke mit hohen Zäunen aus getrockneter Baumheide, was ein beliebtes Fotomotiv ist.

BESICHTIGUNGEN

Festung
Auch Porto Moniz war jahrhundertelang Ziel von Piratenüberfällen. Deshalb ließ man im 17. Jh. ein kleines Fort bauen, das heute sehr zerfallen ist. Die Reste kann man am Hafen noch sehen.

Fischerhafen
Die Hafenanlage selber lohnt einen Spaziergang. Obwohl nicht sehr groß, ist es interessant zuzuschauen, wie die Fischer bei starker Brandung ihre Boote mit Hilfe von Winden ans Ufer ziehen

RESTAURANTS

Cachalote
Das in die Lavafelsen gebaute Restaurant bietet Meeresspezialitäten. *Vila Porto Moniz, Tel. 85 21 80, Kategorie 2*

Polo Norte
Das kleine Restaurant ist für seine Fleischspieße, aber auch für ein solides Meeresfrüchteangebot bekannt. *Sítio das Pogas, gleich bei den Schwimmbädern, Tel. 85 23 22, Kategorie 3*

HOTELS

Pensão Calhau
Die Pension, eine der schönsten auf Madeira, liegt sehr ruhig. Man hört nicht einmal das Rauschen der gar nicht so fernen Brandung. Haus und Zimmer sind liebevoll eingerichtet. *15 Zi., Vila Porto Moniz, Tel. 85 31 04, Kategorie 2*

Residencial do Norte
Bei Rafael Fernandes im südlich gelegenen Ortsteil Santo kann man in angenehm privater Umgebung wohnen. *8 Apartments, Sítio do Cabo, Santa, Tel. 85 22 54, Kategorie 2*

AUSKUNFT/CAMPING

In Porto Moniz gibt es den einzigen Campingplatz auf Madeira. Der *Parque de Campismo* liegt in Hafennähe. In Ermangelung eines Außenpostens des Touristikbüros Funchal kann man sich hier auch touristische Informationen für Porto Moniz und Umgebung holen. *Vila Porto Moniz, Tel. 85 24 47*

ZIELE IN DER UMGEBUNG

Rabaçal **(B 3)**
Auf der Fahrt von Porto Moniz in die Hochebene Paúl da Serra kommt man an den *Berghütten*

Naturschwimmbecken von Porto Moniz

von Rabaçal (Höhe: 1070 m) vorbei, die *casas de abrigo,* die nicht bewirtschaftet sind, in denen man aber nach schriftlicher Voranmeldung beim Forstamt übernachten kann. Rabaçal ist ein bei Wanderern beliebter Ausgangspunkt für Erkundungen. Auf keinen Fall versäumen sollte man einen etwa 20minütigen Spaziergang auf nahezu ebenem Weg, die *Levada do Risco* entlang, zu den beiden *Risco-Wasserfällen.* Ihr Wasser stürzt am Nord-Abfall des Plateaus eindrucksvoll 100 m in die Tiefe. Danach vereinigen sich mehrere Gebirgsbäche zum Fluß Ribeira da Janela, dem mit 12 km längsten Fluß der Insel.

Ribeira da Janela (B 2)

★ Das Tal des Ribeira da Janela mit seinen noch unberührten Lorbeerwäldern gehört zu den schönsten der Insel. Immer wieder trifft man auf Wasserfälle und Stromschnellen. Rund um den Ort Ribeira da Janela ist bis in eine Höhe von 200 m das Hauptanbaugebiet der Verdelho-Traube. Fluß und Ort sind nach einer fensterähnlichen Öffnung (Fenster = *janela*) im Fels benannt. An der Mündung des Flusses in den Atlantik ist es übrigens zur Zeit des Sonnenuntergangs besonders schön. Auf dem Weg von Ribeira da Janela nach Seixal kommt man an weiteren Wasserfällen vorbei.

Seixal (B 2–3)

Die Fahrt von Porto Moniz nach Seixal – hier wird der Sercialwein angebaut, der als letzter bis weit in den November hinein geerntet werden kann – entlang der senkrecht in den Atlantik abfallenden Klippen ist beeindruckend. Hinter Seixal muß man auf der Weiterfahrt die Höllenschlucht *(Ribeira do Inferno)* überqueren, die so heißt, weil den Besucher dunkelster Wald umgibt. Gut speisen kann man in Seixal im *Restaurante Aquario (Covas, Tel. 85 43 96, Kategorie 2).*

RIBEIRA BRAVA

(**C 4**) In diesem Fischerstädtchen treffen sich die Straße von São Vicente über den Encumeada-Paß und die Straße um den westlichen Teil Madeiras bis Ponta do Pargo. Auch hier gab es schon Mitte des 15. Jhs. erste Siedler, die ihrem Wohnplatz wegen des bei Regen kräftig fließenden »wilden Flusses« den Namen Ribeira Brava gaben. Jahrhundertelang lebte man vom Zuckerrohranbau. Er ist heute in seiner wirtschaftlichen Bedeutung vom Obstanbau abgelöst worden. Der Fremdenverkehr hält nur langsam Einzug, auch wenn etliche Ausflugsbusse am Hauptplatz anhalten, der den Ortskern von der Uferkante am Meer trennt, damit Reisende in den zahlreichen Cafés eine Erfrischung zu sich nehmen oder sich in einem der Andenkenshops mit Souvenirs versorgen können.

BESICHTIGUNGEN

Câmara Municipal

Das Rathaus gleich hinter der Kirche ist einen Besuch wert. Man hat es in einem inseltypischen Herrenhaus aus dem 18. Jh. untergebracht, das rosa verputzt ist und dessen Fensterrahmen grün gestrichen sind. Besonders schön ist die dazugehörende Gartenanlage mit einem alten und sehr abwechslungsreichen Baumbestand.

São Bento

★ Die Azulejos sind das wichtigste: Der blau-weiß geflieste Turm des Gotteshauses, mit dessen Bau bereits 1440 begonnen wurde, fällt zuerst ins Auge. Das, was wir heute als Schmuck empfinden, ist auch vor einem praktischen Hintergrund zu sehen: Das rauhe Meeresklima konnte so nicht so arg am Glockenturm nagen. Im Inneren sind aus manuelinischer Zeit die Kanzel und der mit Ranken verzierte Taufstein erhalten, der wiederum ein Geschenk des auf der Insel ziemlich freigiebigen Königs Manuel I. war. Der eindrucksvolle Azulejos-Fries und die Altäre stammen aus der Barockzeit. Mit Tanz und Gesang rund um die Kirche und mit einer Bootsprozession auf dem Meer begehen die Bürger von Ribeira Brava jeweils am 29. Juni das Fest des heiligen Petrus, der bekanntlich Schutzpatron der Fischer ist.

RESTAURANTS

Aguar Mar

Für dieses Fischrestaurant spricht, daß es direkt am Meer liegt und einen dementsprechenden Blick bietet. *Avenida Ribeiro 1, Tel. 95 11 48, Kategorie 2*

Vista Alegre

Die Churrasqueira, wie die Portugiesen ihre Steakhäuser nennen, bietet neben feinen Sachen vom Steinofengrill regionale madeirensische Spezialitäten. Im Gasthaus von Jaime Rodrigues Fernandes kann man auch frühstücken. *Tgl. 8–24 Uhr, Estrada Nacional 101, Tel. 95 36 14 und 95 37 65, Kategorie 2–3*

EINKAUFEN

An der Uferpromenade findet man eine kleine Markthalle. *Tgl. 7–19 Uhr*

HOTELS

Apartamentos Valemar

In der sehr privat wirkenden Wohnanlage kann man sich entweder selbst versorgen oder in die hauseigene Snackbar gehen. *20 Apartments, Sítio do Muro, Tel. 95 25 63, Kategorie 2*

Brava Mar

Das große und bislang einzige Hotel in Ribeira Brava ist noch neu. Dreiviertel aller Zimmer haben Meeresblick. Im Haus gibt es ein empfehlenswertes Restaurant mit regionaler Küche. *50 Zi., 12 Apartments, 6 Suiten, Comte Camacho Freitas, Tel. 95 22 20 und 95 22 24, Kategorie 2*

STRAND

Der Ort hat einen groben Kiesstrand, der nicht überlaufen ist.

ZIELE IN DER UMGEBUNG

Encumeada/Serra d'Água (C 3)

Die *Boca da Encumeada* ist die Paßhöhe für die Straße, die das südliche Ribeira Brava mit dem nördlichen São Vicente verbindet. Sie liegt 1007 m hoch. Es gibt eine Aussichtsterrasse, von der aus man einen aufregenden Rundumblick auf das Inselpanorama hat. Diesseits des Passes gibt es den Ortsteil Serra d'Água mit zwei gerade auch für Wanderer empfehlenswerten Unterkünfte: *Pousada dos Vinháticos (6 Zi., Tel. 95 23 44, Fax 22 86 11, Kategorie 2)* und *Residência da Encumeada (10 Zi., Lombo Feiteirais, Tel. 95 12 81–2, Kategorie 3).* Jenseits des Passes steht die Kapelle *Nossa Senhora de Fátima,* die nur aus einem Glockenturm besteht, in den ein kleiner Altar eingebaut ist. Errichtet wurde er in der Mitte dieses Jhs. von Bürgern des Ortes São Vicente.

São Vicente **(G 3)**
Der Ort am nördlichen Gegenpol von Ribeira Brava hat sich ganz schön herausgeputzt, die Bürger haben auf Veranlassung ihres Bürgermeisters die Häuser fein gestrichen. Bemerkenswert ist die *Pfarrkirche* aus dem 17. Jh. mit vergoldeten Schnitzereien, Azulejos und einer bemalten Holzdecke, die ein Stadtbild aus dem 17. Jh. wiedergibt. Auf dem nahen Friedhof gibt es noch Grabhügel, wie sie einst auf ganz Madeira üblich waren. Ein gutes Restaurant ist das *Quebra Mar* in Meeresnähe *(Calhão, Tel. 84 23 38, Kategorie 2).* Übernachten kann man im *Estalagem do Mar (83 Zi., 6 Suiten, Juncos, Fajã da Areia, Tel. 84 26 15, Fax 84 27 65, Kategorie 2)* oder in der *Pensao Praia Mar (18 Zi., Calhau, Tel. 84 23 83, Kategorie 2).*

Bergstraße bei Boca da Encumeada

Ein Eiland zum Faulenzen

Die Nachbarinsel bietet endlich das, womit Madeira selbst nicht dienen kann: einen langen Strand mit feinem Sand

Über Porto Santo notierte Ende des 16. Jhs. der portugiesische Geschichtsschreiber Gaspar Frutuoso, die Insel sei »locker bewaldet, vorwiegend (außer mit Drachenbäumen) mit Wacholder und Baumheide«. Das war einmal. Der Mensch hat, wie so oft andernorts auch, auf Porto Santo, Madeiras kleiner Schwesterinsel, kräftig zugelangt. Besonders der wunderschöne Drachenbaum, den es heute nur kommunal oder privat aufgeforstet an Alleen und in Gärten gibt, blutete im wahrsten Sinn des Wortes aus. Katalanische und lombardische Kauffahrer hatten nämlich im 16. und 17. Jh. entdeckt, daß man das »Blut« des Drachenbaumes prima versilbern konnte. Sie ließen die Stämme des Drachenbaumes anritzen. Sein Harz quoll als dunkelrotes Drachenblut aus der Rinde heraus und konnte als gummiartige Substanz geerntet werden. Die war in den europäischen Metropolen begehrt, weil sie als Farbstoff für Stoffe und Lacke verwendet werden konnte. Wieder einmal hatten Eroberer nicht eben Segen über ein Stückchen Welt gebracht.

Strand von Porto Santo

Begonnen hatte die folgenreiche Eroberung, als João Gonçalves Zarco und Tristão Vaz Teixeira 1418 den Sandstrand von Porto Santo betraten, bevor sie sich anschickten, wenig später das nur 50 Kilometer entfernte Madeira zu erobern. Die erste Besiedlung der elf Kilometer langen und sechs Kilometer breiten Insel, die eine Gesamtoberfläche von 41 Quadratkilometern hat, organisierte dann ab 1420 der Lissaboner Edelmann Bartolomeu Perestrelo. Zunächst gab es neben den Wäldern noch genügend Platz, um Ackerbau und Viehzucht zu betreiben. Besonders Getreide wurde angebaut. Deshalb diente Porto Santo den portugiesischen Entdeckungsfahrern als Verproviantierungsstation vor der Weiterfahrt nach Afrika oder in noch fernere Gegenden. Der Niedergang der Insel begann dann ab dem Ende des 16. Jhs. unter spanischer Herrschaft. Die neuen Besitzer konnten die Sicherheit nicht mehr gewährleisten. Fortwährende Piratenüberfälle sorgten dafür, daß die meisten Bewohner die Insel

MARCO POLO TIPS FÜR PORTO SANTO

1 **Museu de Cristóvão Colombo**
Auf den Spuren von Kolumbus (Seite 80)

2 **Campo de Baixo**
Kilometerlanger, feiner, weißer Strand (Seite 82)

fluchtartig verließen. Besonders reiche Kaufleute und Großgrundbesitzer zogen es vor, ihre Geschäfte nach Madeira zu verlegen, das durch inzwischen gebaute Festungen vor Korsarenübergriffen weitaus sicherer war. Der kaum noch beackerte Boden war plötzlich der natürlichen Erosion ausgesetzt.

Erst im 18.Jh. kümmerte sich der portugiesische Markgraf Pombal wieder um die inzwischen nahezu verlassene Insel, und es wurde wieder Getreide angebaut.

Seit den 60er Jahren dieses Jahrhunderts gibt es eine neuerliche Landflucht, weil vielen jungen Leuten die Arbeit auf den Feldern zu hart ist. Das hängt selbstverständlich auch damit zusammen, daß 1960 der Flughafen auf Porto Santo eröffnet wurde, der neue Erwerbsmöglichkeiten bot. Die nordatlantische Verteidigungsgemeinschaft Nato richtete hier einen großen Stützpunkt ein und schuf gerade im Dienstleistungsbereich viele Arbeitsplätze. Aber auch der beginnende Tourismus bot genügend Möglichkeiten, Pflug und Egge aus der Hand zu legen. Inzwischen gibt es nicht nur den Tourismus der Madeirenser, die zwischen Juli und September gern nach Porto Santo in die Sommerfrische fahren, sondern auch den internationalen Pauschaltourismus (auch aus Deutschland). Er ist allerdings immer noch so moderat, daß man sich auf Porto Santo nach wie vor wie ein Individualtourist fühlen kann. Das Klima auf dieser Insel ist wunderbar beständig: Es gibt kaum Temperaturunterschiede zwischen den Jahreszeiten; die Luft ist trocken, das Meerwasser warm. Neben dem neun Kilometer langen Sandstrand gibt es auf Porto Santo mit dem *Pico do Facho* (516 m), dem *Pico do Castelo* (438 m), dem *Pico da Atalaia* (447 m), dem *Pico Branco* (450 m) und dem *Pico da Gandaia* (413 m) fünf Erhebungen, die zum Wandern animieren. Der Insel vorgelagert sind Felsenkliffe wie die *Ilhéu de Cima* (Oberes Inselchen), die *Ilhéu do Farol* (Leuchtturminselchen), die *Ilhéu de Baixo* (Unteres Inselchen), die *Ilhéu do Ferro* (Eiseninselchen) und *Cenouras* (Möhreninselchen), die zum Tauchen und Schnorcheln einladen. Alle Wege auf der Insel führen in den Hauptort Vila Baleira, der bei den meisten Reisenden und sogar bei vielen Einheimischen als Porto Santo mit dem Namen der ganzen Insel gleichgesetzt wird. Aber trotz des Reiserummels im Sommer wird Porto Santo vor allem eines bleiben: die sympathische *ilhéu dos mandriãos,* eine Insel der Faulenzer. Lassen Sie es also gemächlich angehen, wenn Sie herkommen!

Auf die Insel gelangt man von Madeira aus entweder mit der Regional-Fluglinie *LAR* (reine Flugzeit zwölf Minuten) oder in eineinhalb Stunden mit den Schnellbooten *Pátria* und *Lobo Marinho*. Ungefähr dreimal tgl. fahren Busse von Vila Baleira nach Camacha, Calheta, Campo de Cima, Serra de Fora, an den Strand und zum Fährhafen.

VILA BALEIRA

Gut die Hälfte aller Einwohner Porto Santos, nämlich 2500, leben im Hauptort der Insel. Gerade im Sommer, der immer noch als Hauptreisezeit für die klimatisch eigentlich ganzjährig zu bereisende Insel gilt, herrscht hier geschäftiges Treiben – besonders um das Ortszentrum herum, den *Largo do Pelourinho*.

BESICHTIGUNGEN

Câmara Municipal

Ein Beispiel für portugiesische Renaissancearchitektur ist das schlichte Rathaus aus dem 16. Jh. Über zwei Treppen erreicht man den Eingang im 1. Stock, über dem das Landeswappen und die Königskrone prangen. Neben den Treppen sind zwei Drachenbäume gepflanzt. *Rua Dr. Nuno S. Teixeira*

Fortaleza São José

Die Festung von Porto Santo als eine solche zu bezeichnen verbietet sich schon deshalb, weil sie ja nicht verhindern konnte, daß die Insel immer wieder von plündernden Piraten heimgesucht wurde. Den mickrigen grünen Bau, der hinter hohen Mauern versteckt ist, erreicht man, wenn man am Rathaus rechts vorbei und bergauf geht. Der Bau, der über seinem Barockportal aus Kalkstein ein sehenswertes Staatswappen mit Königskrone trägt, ist nach seiner Zeit als Gouverneurssitz heute im Privatbesitz und kann innen nicht besichtigt werden. *Rua de Manuel G. Pestamo*

Nossa Senhora da Piedade

Die Pfarrkirche neben dem Rathaus ist seit ihrer Gründung 1430 immer wieder Ziel von Piratenüberfällen gewesen. Französische Freibeuter nahmen 1566 sogar den gesamten Kirchenschatz mit. Während der Übergriffe blieb es häufig nicht nur bei Plünderungen; es kam auch zu Brandschatzungen. Deshalb ist vom ursprünglichen Gotteshaus nur die Mudejaren-Kapelle an der Südseite erhalten.

Salões

In der Außenstelle des staatlichen Forstamtes von Vila Baleira kümmert man sich um die Aufzucht von Setzlingen für die Aufforstung von Porto Santo. Die Mutterinsel Madeira liefert junge Pflanzen, die hier an das viel trockenere Klima gewöhnt werden müssen. Unter anderem kann man Setzlinge des einst fast ausgestorbenen Drachenbaumes *dragoeiro*, von Lorbeerbäumen *(barbusano)*, Wacholder *(zimbeiro)* und Wachsmyrte *(faia)* sehen. Interessierte können sich von einem Fachmann durch die an unterschiedlichen Stellen liegenden Felder führen lassen. Auskunft erteilt die Außenstelle *Salões der Direcção Regional Florestas, Tel. 98 22 30.*

MUSEUM

Museu de Cristóvão Colombo
★ 1989 ist das Museum zu Ehren des Amerika-Entdeckers Christoph Kolumbus eingerichtet worden. Als Zuckerhändler war Kolumbus zunächst nach Madeira und später nach Porto Santo gekommen. Hier heiratete er Felipa Moniz Perestrelo, die Tochter des ersten Legatskapitäns Bartolomeu Perestrelo. Ab etwa 1480, nach der Geburt seines Sohnes Diego, hat Kolumbus wohl im Haus seines Schwiegervaters gewohnt. Dieses Haus ist inzwischen abgerissen worden, weil dort ein Parkhaus entstehen soll. Das Kolumbus-Museum ist in einem eher unscheinbaren Gebäude untergebracht. Es zeigt Dokumente, Seekarten und Stiche, die mit dem Leben und den Entdeckungsfahrten des Seefahrers zu tun haben. *Mo–Fr 10–17.30, Sa 10–12 Uhr, Eintritt 500 Esc., Rua Cristóvão Colombo*

RESTAURANTS

Am Stand gibt es gut zehn Snackbars, die durchgehend geöffnet haben. Besser ißt man in den Restaurants im Ort, die, wenn nicht anders angegeben, mittags zwischen 12 und 15 sowie abends ab 19 Uhr servieren.

Arsénios
Ein Italiener verteidigt sich gegen die portugiesische Übermacht. *Avenida Dr. Manuel Pestana Jr., Tel. 98 23 48, Kategorie 2*

Baiana
In diesem Café kann man schön frühstücken. *Rua Dr. Nuno S. Teixeira, Tel. 98 26 49, Kategorie 3*

Forno
Pikante gegrillte Fleischgerichte sind hier die Spezialität. *Avenida Henrique Vieira Castro 50, Tel. 98 31 41, Kategorie 2*

Mar e Sol
In dem Strandrestaurant gibt es frische Meeresspezialitäten. *Campo de Baixo, Tel. 98 22 69, Kategorie 2*

Marquês
Neben der Regionalküche finden hier jene, die sich nach heimischer Küche sehnen, auch ausgesuchte internationale Gerichte wie Wiener Schnitzel. *Rua João Santana 9, Tel. 98 23 19, Kategorie 2*

Sol Mar
Das Fischrestaurant ist für seine Krustentier-Spezialitäten bekannt. *Rua Batolomeu Perestrelo 20, Tel. 98 42 58, Kategorie 2*

EINKAUFEN

Die meisten Geschäfte findet man rund um das Zentrum *Largo do Pelourinho.* Einen tgl. geöffneten Markt für Frischprodukte gibt es an der Ecke *Rua João Gonçalves/ Rua Dr. José Diamantino Lima*

HOTELS UND CAMPING

Pensão Palmeiras
Die kleine Pension in Strandnähe ist gemütlich und hat ein Restaurant im Haus. *12 Zi., Avenida Henrique Vieira de Castro, Tel. 98 21 12, Kategorie 3*

Porto Santo
Die Hotelanlage direkt am feinsandigen Strand hat eine eigene Poollandschaft unter Palmen, einen Tennis- und einen Minigolf-

Museu de Cristóvão Colombo

platz, dessen Benutzung im Übernachtungspreis enthalten ist. Ins Ortszentrum sind es 1,5 km. *97 Zi., Campo de Baixo, Tel. 98 23 81–2, Fax 98 26 11, Kategorie 2*

Praia Dourada
Das kleine, nett geführte Hotel liegt mitten im Ort. Trotzdem ist man ruhig untergebracht. *35 Zi., Rua Bispo Estevão de Alencastre, Tel. 98 23 15, Fax 98 24 87, Kategorie 2*

Torre Praia Suite Hotel
Das Vier-Sterne-Hotel (Eröffnung: Sommer 1993) liegt an einem feinen Sandstrand. Für das Wohlbefinden und die Unterhaltung der Gäste sorgen neben den auf europäischem Spitzenlevel ausgestatteten Zimmern eine Bar, ein Coffeeshop, ein Restaurant und die Diskothek. *62 Zi. und 3 Suiten, Rua Goulart Medeiros, Tel. 98 36 11, Fax 98 24 87, Kategorie 1*

Lebendige Rituale aus alter Zeit

Während der Sommermonate findet an fast jedem Wochenende in einer der Gemeinden Madeiras ein Dorffest zu Ehren des Ortsheiligen statt. Es wird mit Böllerschüssen, die man weithin hören kann, angekündigt. Diese Kirchenfeste sind beileibe keine stillen Feste der Einkehr. Es gibt immer eine Art Kirmes, *arraial* genannt, mit Feuerwerk, Gesang und Tanz. Trotzdem bleibt der kirchliche Hintergrund lebendig. Pilger, *romeiros* genannt, kommen zu einer Prozession und bringen dem jeweiligen Heiligen Opfergaben wie Altarkerzen oder aus Wachs nachgebildete Gliedmaßen, die nach einer Anrufung des Heiligen geheilt worden sind. Bis weit in die 50er Jahre hinein kamen die Wallfahrer zu Fuß über die schlecht hergerichteten Wege. Waren sie im Dorf angekommen, glaubten sie ihr Gelübde nur dann erfüllen zu können, wenn sie auf dem Bauch um die Dorfkirche krochen. Die katholischen Priester sahen und sehen so etwas zwar nicht gern, aber auch heute noch tun manche Gläubige so Buße und rutschen anschließend auf Knien die Kirchentreppe hinauf.

Parque Campismo Porto Santo
Der einzige Campingplatz auf Porto Santo. *Fontinha, Tel. 98 21 60*

SPORT UND STRÄNDE

Baden
Der neun Kilometer lange, feine, weiße ★ Sandstrand liegt zum großen Teil südwestlich von Vila Baleira. An einigen Stellen gibt es Umkleidekabinen und Duschen. Außerdem hat man die Gelegenheit, Sonnenschirme und Liegen zu mieten.

Hochseefischen
Tagesfahrten kann man bei *Anguilla* buchen. *Lapeira, Tel. 98 34 79 (nur abends besetzt)*

Radfahren
Es gibt einen Fahrradverleih, der allerdings nur während der Sommermonate geöffnet hat. *Rua Dr. José Diamantino Lima*

Reiten
Im Reitstall *Quinta dos Profetas* kann man Unterricht nehmen oder Pferde zum Ausritt mieten. Außerdem werden Kutschfahrten und begleitete Ausritte angeboten. *Tgl. 9–12 und 17–21 Uhr, Sítio da Ponta, Tel. 98 31 65*

Tauchen
Tauchkurse kann man bei Urs Moser buchen. *Mai–Okt., Rua João Gonçalves Zarco 5, Tel. 98 21 62*

AM ABEND

Disco Pub Challenger
In dem beliebten Treff kann man tanzen, muß aber nicht. *Tgl. ab 22 Uhr, Rua Bispo Estevão de Alencastro, Tel. 98 34 80*

O Lavrador
Die auch tagsüber geöffnete Strandbar entpuppt sich abends als Jugendtreff. *Campo de Baixo, Tel. 98 32 74.*

AUSKUNFT

Secretaria Regional do Turismo, Cultura e Emigração
Avenida Henrique Vieira de Castro, Tel. 98 23 61

Direcção Regional do Porto Santo
Auskunft für Segler und über Bootsausflüge. *Rua de João Gonçalves Zarco, Tel. 98 35 65, oder im Hafen selber, Tel. 98 25 77 und 98 25 83*

Direcção Regional de Aeroporto Porto Santo
Flughafenauskunft. *Tanque, Tel. 98 22 72*

Taxi
Standplatz am Largo do Pelourinho gegenüber der Kirche, sowie am Flughafen.

ZIELE IN DER UMGEBUNG

Eine Inselrundfahrt dauert etwa drei Stunden.

Camacha
Das ist der Weinort der Insel. Die meisten auf Porto Santo geernteten Weintrauben werden als Obst bzw. die bitteren Tricana-Trauben als Rosinen auf den Markt gebracht. In Camacha bekommt man aber noch den selbstgekelterten Inselwein Verdelho, der mit seinem Alkoholgehalt von 13 Prozent nicht ohne ist. Empfehlenswerte Gasthäuser, nicht nur für den Weingenuß, sind das *Torres (Tel. 98 23 73)* und

Windmühle auf Porto Santo

das *Estrela do Norte (Tel. 98 23 65, beide Kategorie 2).* Neben dem letzteren steht eine der letzten noch betriebsfähigen Getreide-Windmühlen, von denen es einst fast 40 auf der Insel gab.

Capela de Nossa Senhora da Graça

Nach einer Marienerscheinung ist der Platz für ein Gotteshaus in der Nähe des herrlichen Aussichtspunkts *Portela* bereits im 15. Jh. ausgewählt worden. Der jetzige Kapellenbau stammt aus dem Jahr 1813. Zunächst blieb der Bau wegen Streitigkeiten mit dem Grundeigentümer unvollendet. 1949 schließlich konnte die Gnadenkapelle in der heutigen Form vollendet werden.

Fonte de Areia

Gleich hinter Camacha sprudelt Porto Santos Mineralwasserquelle. Man kann direkt aus der Quelle trinken, was besonders bei Haut-, Magen- und Darmerkrankungen helfen soll. Das Wasser wird aber auch abgefüllt und verkauft.

Pico do Castelo

Der mit 437 m höchste Berg der Insel bot früher den Bürgern von Porto Santo Schutz vor Piratenüberfällen. Sie verließen ihre Häuser und zogen sich auf die Burg am Berg zurück, von der nur noch eine Ruine zu sehen ist. Mit dem Auto kann man bis zu einer Aussichtsplattform rund 100 m unter dem Gipfel fahren. Der Gipfel ist bewaldet, ein Zeichen der offiziellen Bemühungen, die gesamte Insel nach und nach wieder aufzuforsten und so der allgemeinen Erosion Einhalt zu gebieten.

Porta Calheta

Die Westspitze Porto Santos umgibt landschaftliche Schönheit. An klaren Tagen blickt man bis nach Madeira – auch von der Terrasse des empfehlenswerten Ausflugslokals *Por do Sol* aus *(Tel. 98 23 80, Kategorie 2).*

Von Auskunft bis Zoll

Wollen Sie wissen, wie spät es ist, wo Sie die schönsten Briefmarken der Welt bekommen und wann es deutsche Nachrichten im Radio gibt? Hier finden Sie diese und andere Informationen

AUSKUNFT VOR DER REISE

Portugiesisches Touristik-Amt
Schäfergasse 17, 60313 Frankfurt, Tel. 069/29 05 49, Fax 23 14 33
Stubenring 16/3, 1010 Wien, Tel. 0222/513 26 70, Fax 513 26 70
Badenerstr. 15, 8004 Zürich, Tel. 01/241 00 01, Fax 241 00 12

AUSKUNFT AUF MADEIRA

Direcção Regional do Turismo, Região Autónoma da Madeira
Avenida M. Arriaga 18, 9000 Funchal, Tel. 0 0351/91/22 90 57, Fax 23 21 51. Mo–Fr 9–20 und Sa und So 9–18 Uhr. Das regionale Tourismusbüro hat Zweigstellen im Flughafen Santa Cruz, in Machico, Ribeira Brava und in Vila Baleira auf Porto Santo (Adressen siehe dort). Kostenlos erhält man Busfahr- und Stadtpläne sowie den monatlichen Führer »Madeira Island«, in dem über Veranstaltungen, Restaurants und die Öffnungszeiten von Museen und Botanischen Gärten informiert wird. Neben einem Verkaufsstand für Reiseführer in mehreren Sprachen gibt es einen Geldwechsel-Schalter der Bank »Fonsecas & Burnay«. Im Nebenraum zeigen zeitgenössische portugiesische Künstler in wechselnden Ausstellungen ihre Bilder. Da es sich um Verkaufsausstellungen handelt, kann man ein Bild als Andenken erwerben. Die Preise sind noch erschwinglich.

Die Polizisten sind ausnehmend freundlich

APOTHEKEN

Die gut sortierten *farmácias,* in einigen Ortschaften auch: *posto de medicamentos,* sind über die ganze Insel verteilt. Die dort bedienenden Fachkräfte kann man in bescheidenem Umfang (Sonnenbrand, Magenverstimmung) auch um einen medizinischen Rat bitten. Geöffnet haben die Apotheken *Mo–Fr 9–13 und 15–19, Sa 9 bis 13 Uhr.* Der Apotheken-Notdienst für nachts sowie die Sonn- und Feiertage wird auf einem Hinweisschild in der Tür angegeben.

ARZT

Wer sich für die Reise von seiner gesetzlichen Krankenkasse einen Krankenschein hat ausstellen lassen, muß diesen im Bedarfsfall auf Madeira in einen portugiesischen Schein umtauschen, ohne den kein Arzt die Behandlung beginnt. Die zuständige Stelle ist das *Serviço de Migrantes* in der *Direcção Regional Saúde Pública, Rua das Pretas 1, Tel. 23 20 21-26, Mo–Fr 9.30–12 und 14–16 Uhr.* In der Nähe der Kathedrale gibt es das rund um die Uhr geöffnete *Centro Médico da Sé,* in dem Fachärzte ambulant behandeln. *Rua dos Murcas 42, Tel. 23 01 27-29 und 23 17 79-82.* Bei akuten Zahnschmerzen bekommt man deutsch- bzw. englischsprachige Hilfe bei *Dr. António Cardoso, Rua Mercés 19-A, Tel. 3 53 48.*

AUTOFAHREN

Auf Madeira und Porto Santo gelten die internationalen Verkehrsregeln (trotz der Dominanz der Engländer seit Jahrhunderten herrscht Rechtsverkehr). In Ortschaften ist die erlaubte Höchstgeschwindigkeit 50 km/h, auf Landstraßen 90 km/h. Eine Autobahn zwischen Câmara de Lobos und Santa Cruz ist im Bau. Grundsätzlich besteht Gurtpflicht. Die Promillegrenze liegt bei 0,5. Bei Pannen hilft der Automobilclub *Automóvel Clube de Portugal, Avenida M. Arriaga, 43, Funchal, Tel. 22 36 59.*

Man kann Madeira zwar auf einer gut asphaltierten Straße umrunden, aber Autofahren ist hier nicht einfach. Das liegt zum einen an der durchaus als wild zu bezeichnenden Fahrweise der Portugiesen, zum anderen aber auch an den bergigen, gerade im Inselinneren nicht gerade breiten Wegen.

Ihren eigenen Wagen nehmen wahrscheinlich nur Snobs mit auf die Insel, denn die Verschiffung eines Kraftfahrzeugs von Bremerhaven kostet mindestens 2500 Mark und dauert ungefähr acht Tage. Wer ein Auto mieten will, findet in Funchal und den anderen touristischen Zentren Madeiras international bekannte und regionale Autovermietungen. Die Telefonnummern findet man in den Gelben Seiten des Madeira-Telefonbuchs unter *Automóveis – Aluguer com e sem condutor* (Autos – Vermietung mit und ohne Fahrer). Der Mieter muß 21 Jahre alt sein und einen deutschen Führerschein vorweisen können. Die Preise, zwischen 3000 Esc. (Fiat Panda) und 9500 Esc. (Renault 19) pro Tag, gelten für eine unbegrenzte Kilometerzahl. Allerdings kommt noch eine Steuer von 9 % der Mietsumme hinzu.

BANKEN

Tauschen Sie Ihr Geld erst in Portugal! Bargeld macht den Umtauschkurs noch günstiger. Der Unterschied kann bis zu 20 % betragen, so daß Sie eine ernstzunehmende Summe sparen können. Die Geschäftszeiten der Banken sind *Mo–Fr 8.30–15 Uhr.* Private Wechselstuben halten ihre Schalter *Mo–Fr 8.30–19 und Sa 8.30–13 Uhr* offen. Besonders in Funchal haben sich auch in kleineren Restaurants und Geschäften Kreditkarten durchgesetzt. Am häufigsten sind Visa und Eurocard.

BUSFAHREN

Das umfangreiche Busliniennetz auf Madeira bedient praktisch alle größeren Orte mehrmals am Tag und schließt auch die meisten Sehenswürdigkeiten mit ein. Etwas unübersichtlich wird es manchmal an den Funchaler Bushaltestellen im Zentrum, wenn verschiedene Buslinien und die Shuttlebusse der Hotels gleichzeitig die Haltestellen *(paragem)* anfahren. Im Touristenbüro erhält man einen ziemlich vollständigen Fahrplan. Die an den Bushaltestellen angebrachten Übersichtspläne enthalten keine Nummern der verkehrenden Busse und keine Abfahrtszeiten. Unpraktisch für Reisende ist auch, daß viele Busse nur morgens von den Dörfern nach Funchal hinein- und abends erst wieder hinausfahren. Wenn die Busse voll besetzt sind, klappt der Fahrer ein Schild *completo* hinunter und fährt, wenn nicht jemand aussteigen möchte, an den Bushaltestellen vorbei. Die Fahrpreise setzen die einzelnen Gesellschaften fest. Ein Schaffner kassiert. In den Stadtbussen von Funchal *(horários do Funchal)* zahlt man beim Fahrer. Für Touristen gibt es einen *passe turístico,* den man an den über das Stadtgebiet verteilten Fahrkartenhauschen bekommen kann. Er berechtigt zum unbegrenzten Fahren im Stadtbereich von Funchal innerhalb der nächsten sieben Tage und kostet 2000 Esc. Eine attraktive Buslinie ist für Reisende die 139, weil sie eine Rundfahrt über den Westteil der Insel mit knapp vierstündigem Halt im nördlichen Porto Moniz bietet. Die Linie 139 fährt Do bis Mo 9 Uhr ab Funchal über Ribeira Brava und São Vicente nach Porto Moniz (Ankunft etwa 12.15 Uhr) und dann 16 Uhr ab Porto Moniz über Calheta und Ribeira Brava zurück nach Funchal (Ankunft etwa 20 Uhr). Selbstverständlich werden in Funchal auch jede Menge Ausflugsbusfahrten angeboten. Einen zentralen Busbahnhof gibt es nicht; die meisten Busse gehen von der zentralen Haltestelle zwischen *Avenida do Mar* und *Rua D. Carlos I.* ab. Ein gelb-blaues Schild markiert den Standplatz, von dem der Flughafenbus abfährt. Er braucht für die 23 km lange Strecke 45 Minuten. In Funchal fährt er um 7.15, 9.15, 12.45 (nur Fr), 14.45, 19.15 und 21.15 Uhr ab. Vom Flughafen startet er um 8.15, 11.15, 14 (nur Fr), 16.30, 18, 20.15 und 23.15 Uhr. Die wichtigsten Linienbusse von Funchal aus haben die Nummer 4 (nach Ribeira Brava und Ponta do Sol), 6 und 139 (nach Ribeira Brava und Encumeada), 20 (nach Machico und Santo da Serra), 25 (über Santa Cruz nach Santo da Serra), 53 und 78 (nach Machico und Faial), 60 (nach Bouqueirão), 81 (nach Curral das Freiras) 96 (über Estreito de Câmara de Lobos nach Corticeiras), 103 (nach Poiso, Santana und Boaventura), 107 (nach Ponta do Pargo), 113 (über Santa Cruz und Machico nach Caniçal), 156 (über Machico nach Maroços) sowie 29 und 77 (nach Camacha an der Haltestelle Quinta do Palheiro Ferreio für Blandy's Garden vorbei; der 77er fährt noch weiter bis Santo da Serra). Schließlich gibt es mit der Linie 150 noch eine wichtige Verbindung, die Funchal nicht berührt. Sie führt von Ponta do

Pargo über Porto Moniz nach São Vicente. Da Busfahren auf der Insel einen wichtigen Stellenwert hat, haben wir an dieser Stelle noch ein paar hilfreiche Vokabeln zusammengestellt, die Ihnen das Reisen auf der Insel erleichtern:

Hält hier der Autobus? – *O autocarro passa por aqui?*

Wo ist die Haltestelle? – *Onde está a paragem?*

Einen Fahrschein nach ..., bitte! – *Um bilhete para ..., se faz favor!*

Wo muß ich aussteigen? – *Onde tenho de sair?*

Es ist die nächste Haltestelle – *É na próxima paragem*

Sagen Sie mir, wenn wir dort sind – *Pode fazer o favor de me avisar quando chegamos lá*

Hier müssen Sie aussteigen – *Tem de sair aqui*

Abfahrt – *partida*

Ankunft – *chegada*

Haltestelle – *paragem*

Feiertag – *dia feriado*

Werktags – *dias úteis*

Sonntag – *domingo*

Täglich – *todos os dias*

Außer samstags – *Não se efectua aos sábados*

Nur sonntags – *Só aos domingos*

CAMPING

Wildes Zelten ist auf Madeira und Porto Santo nicht erlaubt; es sei denn, ein Grundeigentümer hätte seine Genehmigung gegeben. Ganzjährig geöffnete Campingplätze gibt es in Porto Moniz und auf Porto Santo direkt am Hauptstrand. In Portugal beträgt die Mehrwertsteuer (IVA) für Camping derzeit 16 Prozent. Sie wird am Ende des Aufenthalts auf den Rechnungspreis erhoben. Jugendherbergen gibt es auf beiden Inseln nicht.

CASAS DE ABRIGO

Die *casas de abrigo,* regierungseigene Forsthäuser und Berghütten, stellten bislang eine kostenlose Möglichkeit zur Übernachtung dar. Die Häuser sind schlicht, aber voll eingerichtet. Für Lebensmittel muß man natürlich selber sorgen. Da die Häuser allerdings oft in einem sehr desolaten Zustand verlassen wurden, wurden sie vorübergehend geschlossen. Ob und wann sie wieder geöffnet werden, ist noch nicht entschieden. Informationen und gegebenenfalls Anmeldung bei der *Região Autónoma da Madeira, Governo Regional, a/c Ana Maria Ramos, Gabinete da Presidência, 9000 Funchal.*

DEVISEN

Die Landeswährung Escudos darf bei der Einreise unbeschränkt und bei der Ausreise bis zu einem Höchstbetrag von 100 000 Esc. pro Person mitgenommen werden.

DIPLOMATISCHE VERTRETUNG

Für Deutschland und die Schweiz: *Honorarkonsulin Elisabeth Gesche, Bürozeiten: Mo–Fr 10–12.30 Uhr, Largo do Phelps 6, Funchal, Tel. 22 03 38*

Für Österreich: *Ansprechpartnerin: Maria Manuel,* im *Madeira Carlton Hotel, Largo António Nobre, Tel. 23 10 31, Bürozeiten: Mo–Fr 9–18 Uhr*

EINREISEBESTIMMUNGEN

Deutsche und Österreicher brauchen nur einen gültigen Personalausweis, Schweizer einen Reisepaß. Kinder unter 16 Jahren benötigen einen Kinderausweis ohne Foto oder müssen im Paß der Eltern eingetragen sein. Bei einem Aufenthalt von mehr als 60 Tagen muß schriftlich eine Aufenthaltsgenehmigung beim Ausländeramt in Lissabon angefordert werden: *Policía dos Serviços de Estrangeiro, Avenida de Aguiar 18, P-1000 Lisboa*

FKK

Wie in ganz Portugal ist das Nacktbaden auch auf den Inseln nicht gestattet. Auch das Obenohne-Sonnen ist unüblich.

FOTOGRAFIEREN

Fotomaterial ist auch auf Madeira zu bekommen. Allerdings ist es deutlich teurer als bei uns. Hinzu kommt, daß ungewöhnliche Batteriegrößen für Motorkamera oder Blitz oft schwer zu beschaffen sind. In Funchal, aber auch in den größeren Orten gibt es Fotoexpreß-Dienste, die Ihre Filme in einer Stunde entwickeln.

GELDWECHSEL

Die Bankfilialen auf Madeira und Porto Santo haben normalerweise *Mo–Fr 8.30–14.45 Uhr* geöffnet. Es empfiehlt sich, zum Geldwechseln auf die Bank zu gehen, weil die Hotelrezeptionen meist einen schlechteren Kurs anbieten und zudem häufig Extragebühren verlangen.

HAUSTIERE

Für die Mitnahme von Hunden und Katzen ist ein amtstierärztliches Gesundheits- und Tollwutimpfzeugnis erforderlich. Das Gesundheitszeugnis darf erst kurz vor Reisebeginn ausgestellt worden sein. Das Impfzeugnis muß die Art des Impfstoffes und das Impfdatum enthalten. Die Impfung muß mindestens 21 Tage, darf aber nicht länger als zwölf Monate bei Hunden bzw. sechs Monate bei Katzen zurückliegen. Wer um die Gesundheit seiner vierbeinigen Mitreisenden plötzlich Sorgen haben muß, kann sich an das *Centro Médico Veterinario* von Doutor Eduardo Teixeira wenden. Sprechstunde ist nach Vereinbarung. *Caniçal, Rua Cabouqueira, Tel. 74 38 83*

KLIMA

Nicht zufällig nennt man Madeira die Insel des ewigen Frühlings. Das Wetter ist ganzjährig angenehm mild. Sogar im Winter – der kälteste Monat ist der Februar – liegen die Temperaturen bei durchschnittlich 16 Grad Celsius. Im Sommer – August und September sind mit durchschnittlich 22 Grad Celcius die wärmsten Monate – klettert das Thermometer selten über 30 Grad Celsius. Die Monate Juni bis September gelten zwar als regenarm, aber zu Schauern kann es auch dann immer wieder kommen. Anhaltende Regenfälle gibt es meist nur im Inselinneren. Im Winter kann dort die Temperatur in Höhenlagen auch unter den Gefrierpunkt fallen. Wer des Portugiesischen (oder Englischen) mächtig ist, kann sich – dies interessiert selbstverständlich besonders Segler – über die Wetterverhältnisse der nächsten Stunden und Tage erkundigen. Auskünfte erteilen auf Madeira das *Centro Meteorológico do Funchal* unter *Tel. 22 67 56 und 22 14 74* sowie das *Centro Meteorológico* auf der Nachbarinsel Porto Santo unter *Tel. 98 21 38.*

Levadas

Die Levadas sind ein ausgeklügeltes Bewässerungssystem, das bereits in der frühen Siedlungszeit entwickelt wurde und bis heute durch nichts zu ersetzen ist. Mit einer Ausdehnung von rund 3 000 km durchziehen die Kanäle die ganze Insel und bieten ebensoviele Wanderkilometer. Das Wandern ist jedoch nicht ganz ohne Risiko, da die Levadas nicht als öffentliche Fußwege angelegt sind. Sie führen manchmal durch lange, dunkle Tunnel (Taschenlampe!), sind streckenweise unbeschildert und zuweilen fehlt ein Geländer vor dem steilen Abgrund. Bei Kleidung und Ausrüstung sollten Sie unbedingt an Wasserfälle, Erdrutsche, glitschige Wege, Nebel und Unwetter denken.

NOTRUF

Notruf Tel. 1 15
Polizei *(polícia)* Tel. 22 20 22
Feuerwehr *(bombeiros)*
Tel. 22 21 22
Rotes Kreuz *(Cruz Vermelha)*
Tel. 74 11 15
Diensthabende Apotheken
(farmácias de serviço) Tel. 1 16

POLIZEI

Die Polizisten auf Madeira sind ausgesprochen höflich und zuvorkommend. Bisweilen hat man das Gefühl, daß sie ein besonderes Gespür gerade für die Sorgen und Nöte der Reisenden zu haben scheinen. Scheuen Sie sich also nicht, einen Uniformierten nach dem richtigen Weg zu fragen. Neben den oben bereits notierten Nummern für Notruffälle ist die Polizei wie folgt zu erreichen: die Kriminalpolizei *Polícia Judiciária* unter *Tel. 22 20 27* und die normale Sicherheitspolizei *Polícia de Segurança Pública* unter *Tel. 22 10 21-24.* Die Sicherheitspolizei in anderen Orten: *Camacha Tel. 92 25 30, Machico Tel. 78 55 74* und *Santa Cruz 52 43 55.*

POST

Das Schild CTT markiert die Postämter, die *Mo–Fr 9–12.30 und 14–17.30 Uhr* geöffnet haben. Im Hauptpostamt von Funchal, *Avenida Zarco,* ist ein Schalter *Mo–Fr 9–22 und Sa 9–12.30 Uhr* besetzt. Im Hauptpostamt gibt es auch die vielen wunderhübschen Sonderbriefmarken *(selos),* die Madeira zu bieten hat. Für einen Luftpostbrief, mit *por avião* gekennzeichnet, brauchen Sie eine 78-Esc.-Marke.

RUNDFUNK UND FERNSEHEN

Der Touristensender *Radio Turista* bringt tgl. 9–9.30 Uhr (202 m Mittelwelle, 1484 kHz) Nachrichten in deutscher Sprache. Die Deutsche Welle kann man über 6075 kHz im 49-Meter-Band und über 9545 kHz im 31-Meter-Band empfangen. Viele Hotels haben »Deutsche Welle TV« eingespeist (Fernsehsendungen in deutscher, englischer und spanischer Sprache).

STROM

Die Stromspannung ist fast überall 220 Volt.

TAXI

Die gelben Einheitstaxis sind an feste Gebühren gebunden, die Sie sich auf einer Liste vor Antritt der Fahrt zeigen lassen können. Nach 22 Uhr wird ein Zuschlag erhoben. Es gibt keinen gemeinsamen Taxiruf. Die Telefonnummern der Taxistände finden Sie in den gelben Seiten des Telefonbuches unter *Taxís e Automóveis de Aluguer.* Man kann auch nach deutschsprechenden Taxifahrern fragen, die erläuternde Rundfahrten machen. Ein Tagestrip rund um die Insel kostet ungefähr 14 000 Esc (auf Porto Santo halbtags: 4500 Esc.). Hier noch ein paar Richtwerte für die Kosten einzelner Trips: 2100 Esc. für die Fahrt zum Botanischen Garten mit einer Stunde Wartezeit, 3400 Esc. für Blandy's Garden mit einer Stunde Wartezeit, 2700 Esc. einfache Fahrt zum Pico Arieiro, 10 000 Esc. für eine Rundfahrt durch den Westteil mit Mittagspause (in der der Fahrer eine Einladung in ein von ihm vorgeschlagenes, meistens hervorragendes und nicht zu teures Restaurant erwartet). Natursafaris in offenen Jeeps bietet ein spezielles Unternehmen an: *Madsaf-Empresa de Animação Turística, Tel. 22 41 67.* Sollte tagsüber niemand zu erreichen sein, kann man es nach 19 Uhr noch einmal versuchen.

TELEFON

Überall auf der Insel gibt es Münz- und Kartenfernsprecher. Telefonkarten bekommt man in den Postämtern. Man kennt keinen Nachttarif. In den gelben Seiten gibt es auf Seite 9 ein deutsches Inhaltsverzeichnis von A bis Z mit den wichtigsten Branchen und deren Seitenzahlen im Telefonbuch. Die Vorwahl nach Madeira: 00351/91. Die Vorwahl von Madeira nach Deutschland ist 0049, nach Österreich 0043 und in die Schweiz 0041.

TRINKGELD

Die Bedienung ist in den Preisen der Bars und Restaurants enthalten. Je nach Zufriedenheit gibt man ein Trinkgeld von bis zu 10% des Rechnungsbetrages. Hotelboys und Gepäckträger bekommen 100 Esc. pro Gepäckstück, Zimmermädchen 500 Esc. pro Woche. Geben Sie es ihnen am Anfang Ihres Aufenthalts, dann werden sie freundlicher sein und eher auf Sonderwünsche eingehen. Taxifahrer erhalten zwischen 150 und 1500 Esc. (Tagesfahrt).

WETTERBERICHT

Wer Portugiesisch spricht, kann unter der Telefonnummer 1 50 die Wettervorhersage erfahren.

ZEIT

Auf dem Madeira-Archipel gilt seit 1996 wieder Greenwichzeit. Damit ist es in Portugal und auf Madeira immer eine Stunde früher als in Mitteleuropa. Ob diese Regelung auf Dauer beibehalten wird, bleibt abzuwarten.

ZEITUNGEN

Mit eintägiger Verspätung kommen alle großen deutschsprachigen Zeitungen und Zeitschriften auf dem Madeira-Archipel an. Man kann sie an großen Kiosken und in vielen Hotels kaufen. Kostenlos liegt dort meist »Madeira Aktuell«, die handliche deutschsprachige Informationsschrift mit Geschichten zur Insel und aktuellen Informationen.

ZOLL

Waren zum persönlichen Gebrauch können von EU-Bürgern innerhalb der EU zollfrei ein- und ausgeführt werden. Für Flugreisende sind beim Einkauf zollfreier Waren immer noch die alten Duty-free-Bestimmungen maßgebend. Das bedeutet
– für Österreich und Deutschland: Reisende über 17 Jahre können 300 Zigaretten, 150 Zigarillos, 75 Zigarren oder 400 g Pfeifentabak, 1,5 l Spirituosen über 22 %, 3 l Spirituosen unter 22 % oder 3 l Schaum- und Likörwein, zusätzlich 5 l andere Weine mitnehmen.
– für die Schweiz: Es dürfen höchstens 200 Zigaretten, 50 Zigarren oder 250 g Tabak, 1 l Wein und 0,75 l Spirituosen mitgebracht werden.

WETTER IN FUNCHAL

Die monatlichen Durchschnittswerte im Überblick

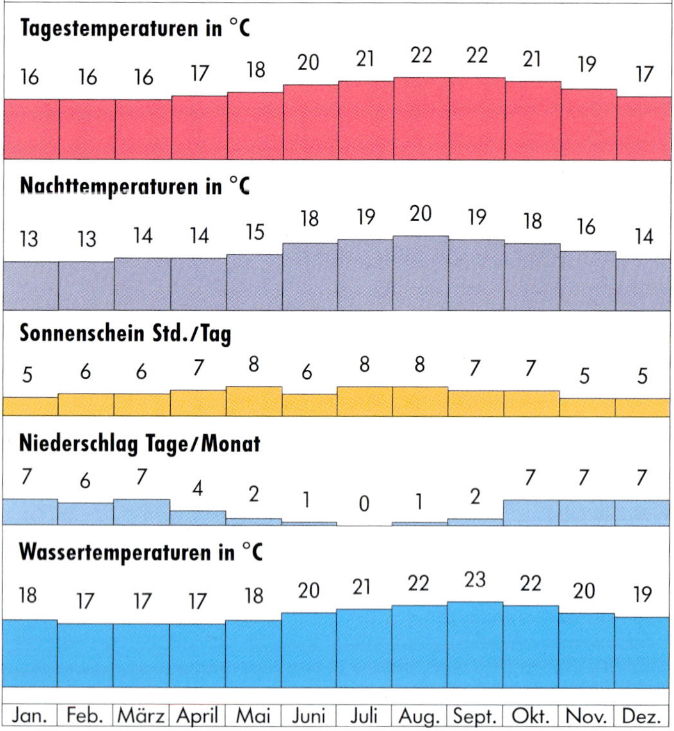

Bloß nicht!

Auf Portugiesisch heißt das viel höflicher: por favor, não! Vermeiden Sie Situationen, die Ihnen keinen Spaß machen werden und Verhaltensweisen, mit denen Sie sogar ziemlich anecken können

Aguardente unterschätzen

Aguardente, also Branntwein oder Schnaps, bedeutet genau übersetzt brennendes Wasser. Mit ein wenig Phantasie kann man dieses Wort aber auch von *dente* für Zähne ableiten. Ein »Wasser mit Zähnen«, also ein wirkungsvolles Feuerwasser, ist der lokale aus Zuckerrohr gewonnene Rum allemal. Man nennt in *Aguardente de cana* oder *Madeira Aguardente.* Es gibt Abfüllungen, denen man anmerkt, daß es sich um Fusel handelt, der die Sinne benebelt. Man findet aber auch feinere Destillate, die nach dem Essen verflixt gut munden. Die Samtigkeit auf der Zunge läßt einen schnell vergessen, daß man einen mindestens 50prozentigen Schnaps konsumiert. Den Schwips bemerkt man womöglich erst, wenn man – wieder an der frischen Luft – auf dem Heimweg ist.

Armut fotografieren

Wer in den Straßen von Funchal und auf dem Lande genau hinsieht, wird feststellen, daß auf Madeira ein großes Wohlstandsgefälle herrscht. Fotografierende Urlauber sollten aufpassen, daß sie deutliche Anzeichen von Armut nicht fotografieren oder filmen. Und sollten Menschen zu einem besonders pittoresken Motiv gehören, so ist es angebracht, um Erlaubnis zu fragen, bevor man auf den Auslöser drückt. Auf eine höfliche Frage erhält man selten eine Absage.

Diebe ermuntern

Eigentlich ist Madeira eine sichere Insel. Diebstahl und Raub kommen hier viel seltener vor als in anderen südlichen Fremdenverkehrsgebieten. Man sollte dies allerdings nicht mit allzu großer Sorglosigkeit honorieren. Offene Protzerei beim Tragen von Schmuck oder beim Durchblättern der Brieftasche können gerade in Funchal manches lichtscheue Gesindel anlocken, das Ihnen dann bis zu Ihrem Hotel folgt und eine günstige Gelegenheit abpassen könnte, in der Ihre Hilferufe nicht gehört werden. Es ist außerdem nicht ratsam, nachts allein durch die Gassen der Altstadt zu schlendern oder eine der tagsüber reizvollen Wanderungen entlang der Levadas zu unternehmen.

Gottesdienste stören
Die Portugiesen und die Madeirenser im besonderen sind strenggläubige Katholiken. Wenn sie in ihren Gottesdiensten sitzen, meist am Samstagabend und am Sonntag in der Frühe um 8 und um 11 Uhr, dann mögen sie nicht durch lärmende Touristen gestört werden, die mit klickenden Fotoapparaten und surrenden Videokameras vor den Altar treten. Da viele Kirchen nur während der Gottesdienste geöffnet sind, ist die Versuchung für Reisende groß, einen Erinnerungsschnappschuß zu machen. Besser ist es, unter der Woche im Pfarrhaus, das meist in Sichtweite der Kirche liegt und das jeder Einheimische kennt, nach dem Schlüssel zur Kirche zu fragen.

Müll abladen
Lassen Sie Ihren Picknickmüll nicht achtlos in der wunderschönen Landschaft Madeiras liegen! Auf der Insel kann dies auch richtig teuer werden, denn zwei Drittel der Landschaft stehen seit 1982 als *Parque Natural* unter amtlichem Schutz. Drastisch werden die Strafen bei einer Verschmutzung des Lorbeerwaldes, der die Wasserversorgung Madeiras sichert.

Nackt baden
Die Freizügigkeit ist auf Madeira nicht gerade erfunden worden. Auch heute noch herrscht eher Prüderie vor. Ins Wasser geht man nicht ohne Bekleidung. Sonnenbadende Damen oben ohne werden auch nicht gern gesehen. Selbst Küsse auf der Parkbank oder der Strandpromenade gehören nicht eben zu den Selbstverständlichkeiten auf Madeira.

Regenschirm vergessen
Leider, leider! Madeira, die Insel des ewigen Frühlings, ist nur deshalb so grün und blumenreich, weil es in schöner Regelmäßigkeit regnet. Die Tiefdruckgebiete, die sich auf den nahen Azoren für das mitteleuropäische Wetter aufbauen, bringen über den hohen Bergen von Madeira Schauer. Die Niederschlagsmenge reicht vom Inselinneren am Berg Bica da Cana mit über 3200 mm im Jahr bis zu den eher noch erträglichen rund 55 mm in der Hauptstadt Funchal. Nur das flache, sandige Porto Santo (rund 360 mm Niederschlag im Jahr) hat längere Zeiten ohne Regen. Man sollte also bei einer Reise auf den Madeira-Archipel den Regenschirm oder eine dünne Regenhaut nicht vergessen.

Schuhwerk unterschätzen
Wer in seinem Urlaub auf Madeira die zauberhafte Bergwelt der Insel erkunden will, der sollte sich mit dem richtigen Schuhwerk auf den Weg machen. Die Höhen Madeiras haben Mittelgebirgscharakter. Vergessen Sie für Ihr Gepäck also nicht die richtigen Wanderstiefel.

Zocken gehen
Das Spielkasino von Funchal enttäuscht. Es entsteht kaum die Atmosphäre, die man von den großen Spielbanken Europas kennt. In dem ziemlich häßlichen Zweckbau werden die Tische um 20 Uhr geöffnet. Nicht selten ist es in den ersten beiden Stunden gähnend leer. Und später sorgen ein paar reiche Engländerinnen auch nicht gerade für ein Flair, das man aus Monte Carlo oder Baden-Baden kennt.

REGISTER

In diesem Register sind alle in diesem Führer erwähnten Orte, Aus-flugsziele, Hotels und Restaurants verzeichnet. Halbfette Seitenzahlen verweisen auf den Haupteintrag, kursive auf ein Foto.

Orte:

Hotels:

Restaurants:

Was bekomme ich für mein Geld?

Wenn man ehrlich ist: zu-wenig! Der Grund ist einleuchtend: Vieles, was auch der Reisende täglich braucht, muß den doch recht weiten und damit teuren Weg über das Meer machen. Das schlägt selbstverständlich bei den Verkaufspreisen zu Buche.

Bezahlt wird mit dem portugiesischen Escudo (Abkürzung auch auf dem Eurocheque: Esc.), ein Wort übrigens, das eine herrliche ritterliche Vergangenheit hat: Es heißt nämlich auch Wappen, Schutz und Schild. Geteilt wird der Escudo in 100 Centavos, was im praktischen Geldverkehr immer weniger Bedeutung hat. Auf Rechnungen wird der Escudo durch ein Dollarzeichen ($) gekennzeichnet, das quasi als Komma zwischen dem Escudo- und dem Centavo-Wert eingesetzt wird. Die Faustregel für die Umrechnung in Mark ist äußerst einfach: Teilen Sie den Escudo-Betrag durch 100, dann haben Sie einen ungefähren Richtwert. Wofür Sie Ihr Geld nun ausgeben, hängt natürlich von Ihren Bedürfnissen ab. Eine Kugel Eis kostet 130 Esc., ein doppelter Espresso 180 Esc., ein Mineralwasser 150 Esc. Ein Sieben-Tage-Busticket für eine unbeschränkte Fahrt über die Insel gibt es für 2000 Esc., ein Mietwagen der untersten Kategorie ist für eine Woche ab 3000 Esc. zu haben.

DM	Esc	Esc	DM
1	102,59	100	0,97
2	205,17	250	2,44
3	307,76	500	4,87
4	410,34	750	7,31
5	512,93	1.000	9,75
10	1.025,85	1.500	14,62
20	2.051,70	2.000	19,50
30	3.077,55	3.000	29,24
40	4.103,40	4.000	38,99
50	5.129,25	5.000	48,74
60	6.155,10	6.000	58,49
70	7.180,95	7.500	73,11
80	8.206,80	10.000	97,48
90	9.232,65	12.500	121,85
100	10.258,50	15.000	146,22
200	20.517,00	25.000	243,70
300	30.775,50	40.000	389,92
500	51.292,50	50.000	487,40
750	76.938,75	75.000	731,10
1.000	102.585,00	100.000	974,80

Bei Scheckzahlung/Automatenabhebung am Urlaubsort berechnet die Heimatbank die obenstehenden Kurse. Stand: August 1996

PRAKTISCHE INFORMATIONEN

Arzt

Können Sie mir einen guten Arzt empfehlen?	Pode-me indicar um bom médico? ['poddöm‿indi'kar‿ung bong 'mädiku]
Ich habe hier Schmerzen.	Dói-me aqui. ['doim‿a'ki]

Bank

Wo ist hier bitte ...	Onde há aqui ... ['ond‿a a'ki]
... eine Bank?	... um banco? [u 'banku]
... eine Wechselstube?	... uma casa de câmbio? ['uma 'kasa dö 'kambju]
Ich möchte ... DM (Schilling, Schweizer Franken) in Escudos (Reais) wechseln.	Queria trocar ... marcos (xelins, francos suíços) por escudos (reais). [kö'ria tru'kar ... 'markusch (schö'lingsch, 'frankusch 'suisusch) pur 'schkudusch (rö'aisch)]

Post

Was kostet ...	Quanto custa ... ['kuantu 'kuschta]
... ein Brief ...	... uma carta ... ['uma 'karta]
... eine Postkarte ...	... um postal ... [um pusch'tal]
... nach Deutschland?	... para a Alemanha? ['para‿alö'manja]

Zahlen

0	zero ['säru]	20	vinte ['wint]
1	um, uma [ung, uma]	21	vinte e um ['wint‿i 'ung]
2	dois, duas [doisch, duasch]	22	vinte e dois ['wint‿i 'doisch]
3	três [tresch]	30	trinta ['trinta]
4	quatro ['kuatru]	40	quarenta [kua'renta]
5	cinco ['sinku]	50	cinquenta [sin'kuenta]
6	seis [säisch]	60	sessenta [sö'senta]
7	sete ['sät]	70	setenta [sö'tenta]
8	oito ['oitu]	80	oitenta [oi'tenta]
9	nove ['noww]	90	noventa [nu'wenta]
10	dez [däsch]	100	cem [säi]
11	onze ['ons]	101	cento e um ['sentui ung]
12	doze ['dos]	200	duzentos [du'sentusch]
13	treze ['tres]	1000	mil [mil]
14	catorze [ka'tors]	2000	dois mil [doisch mil]
15	quinze ['kings]	10 000	dez mil [däsch mil]
16	dezasseis [dösa'säisch]		
17	dezassete [dösa'sät]	1/2	um meio [ung 'meju]
18	dezoito [dö'soitu]	1/3	um terço [ung 'tersu]
19	dezanove [dösa'noww]	1/4	um quarto [ung 'kuartu]

ESSEN

Wo gibt es hier bitte ...	Pode-me dizer, se faz favor, onde há aqui ... ['poddöm di'ser s fasch fa'wor ond‿a a'ki ...]
... ein gutes Restaurant?	... um bom restaurante? [ung bong röschtau'rant]
... ein nicht zu teures Restaurant?	... um restaurante não muito caro? [ung röschtau'rant nau 'muitu 'karu]
Gibt es hier eine gemütliche Kneipe?	Há aqui uma tasca com um ambiente agradável? [a a'ki 'uma 'taschka kong ung am'bjent‿agra'dawäl]
Reservieren Sie uns bitte für heute abend einen Tisch für 4 Personen.	Pode-nos reservar para hoje à noite uma mesa para quatro pessoas, se faz favor? ['poddönusch rösör'war 'para 'osch‿a 'noit 'uma 'mesa 'para 'kuatru pö'soasch s fasch fa'wor]
Auf Ihr Wohl!	À sua saúde! [a 'sua sa'ud]
Bezahlen, bitte.	A conta, se faz favor. [a 'konta s fasch fa'wor]
Hat es geschmeckt?	Estava bom? ['schtawa bong]
Das Essen war ausgezeichnet.	A comida estava excelente. [a ku'mida 'schtawa schsö'lent]

ÜBERNACHTUNG

Können Sie mir bitte ... empfehlen?	Se faz favor, pode-me recomendar ... [s fasch fa'wor 'poddöm rökumen'dar]
... ein gutes Hotel	... um bom hotel? [ung bong ot'täl]
... eine Pension	... uma pensão? ['uma pen'sau]
Haben Sie noch Zimmer frei?	Ainda tem quartos livres? [a'inda täi 'kuartusch 'liwrösch]
ein Einzelzimmer	um quarto individual [ung 'kuartu indiwi'dual]
ein Zweibettzimmer	um quarto de casal [ung 'kuartu dö ka'sal]
mit Bad	com casa de banho (*Br* banheiro) [kong 'kasa dö 'banju (ba'njeru)]
... für eine Nacht.	... para uma noite. ['para 'uma 'noit]
... für eine Woche.	... para uma semana. ['para uma sö'mana]

UNTERWEGS

Auskunft

links	à esquerda [a 'schkerda]
rechts	à direita [a di'räita]
geradeaus	em frente [äi 'frent]
nah / weit	perto ['pärtu] / longe ['longsch]
Bitte, wo ist ...?	Se faz favor, onde é ...? [s fasch fa'wor 'ond‿ä]
Wie weit ist das?	Quantos quilómetros são? ['kuantusch ki'lommötrusch sau]

Panne

Ich habe eine Panne.	Tenho uma avaria. ['tenj‿um‿awa'ria]
Würden Sie mich bis zur nächsten Werkstatt abschleppen?	Pode rebocar-me até à oficina mais próxima? ['podd röbu'karm‿a'tä a ofi'sina maisch 'prossima]
Wo ist hier in der Nähe eine Werkstatt?	Há alguma oficina aqui perto? [a al'gum‿ofi'sin‿a'ki 'pärtu]

Tankstelle

Wo ist bitte die nächste Tankstelle?	Se faz favor, onde é a estação de serviço mais próxima? [s fasch fa'wor 'ond‿ä a schta'sau dö sör'wisu maisch 'prossima]
Ich möchte ... Liter ...	... litros de ..., se faz favor. [... 'litrusch dö ..., s fasch fa'wor]
... Normalbenzin.	... gasolina normal [gasu'lina norr'mal]
... Super.	... súper ['supär]
... Diesel.	... gasóleo [ga'sollju]
... bleifrei/verbleit.	... sem chumbo/com chumbo [säi 'schumbu/kong 'schumbu]
... mit ... Oktan.	... com ... octanas [kong ... ock'tanasch]
Volltanken, bitte.	Cheio, se faz favor. ['scheju s fasch fa'wor]

Unfall

Hilfe!	Socorro! [su'koru]
Achtung!/Vorsicht!	Atenção [aten'sau]
Rufen Sie schnell ...	Chame depressa ... ['scham dö'präsa]
... einen Krankenwagen.	... uma ambulância. [um‿ambu'langsja]
... die Polizei.	... a polícia. [a pu'lisja]
... die Feuerwehr.	... os bombeiros. [usch bom'bäirusch]
Es war meine/Ihre Schuld.	A culpa foi minha/sua. [a 'kulpa foi 'minja/'sua]
Geben Sie mir bitte Ihren Namen und Ihre Anschrift.	Pode-me dizer o seu nome e o seu endereço, se faz favor? [podd-m di'ser‿u se-u 'nom‿i u se-u endö'resu s fasch fa'wor]

Sprechen und Verstehen ganz einfach

Zur Erleichterung der Aussprache sind alle portugiesischen Wörter mit einer einfachen Aussprache (in eckigen Klammern) versehen. ' vor einer Silbe bedeutet, daß die nachfolgende Silbe betont wird.

AUF EINEN BLICK

Ja./Nein.	Sim. [sing] / Não. [nau]
Vielleicht.	Talvez. [tal'wesch]
Bitte.	Se faz favor. [s fasch fa'wor]
Danke.	Obrigado./Obrigada. [obri'gadu/obri'gada]
Bitte sehr./Gern geschehen.	De nada./Não tem de quê. [d 'nada/nau täi dö ke]
Entschuldigung!	Desculpe!/Desculpa! [dösch'kulp/dösch'kulpa]
Wie bitte?	Como? ['komu]
Ich verstehe Sie nicht.	Não compreendo. [nau kom'prjendu]
Ich spreche nur wenig ...	Falo só um pouco de ... ['falu so ung 'poku dö]
Können Sie mir bitte helfen?	Pode ajudar-me, se faz favor? ['podd‿aschu'darm s fasch fa'wor]
Ich möchte ...	Queria ... [kö'ria]
Das gefällt mir (nicht).	(Não) Gosto disto. [('nau) 'goschtu 'dischtu]
Haben Sie ...?	Tem ...? [täi]
Wieviel kostet es?	Quanto custa? ['kuantu 'kuschta]
Wieviel Uhr ist es?	Que horas são? ['kjorrasch sau]

KENNENLERNEN

Guten Morgen!/Tag!	Bom dia!/Boa tarde! [bong 'dia/'boa 'tard]
Guten Abend!	Boa tarde!/Boa noite! ['boa 'tard/'boa 'noit]
Hallo!/Grüß dich!	Olá! [ol'la]
Wie geht es Ihnen?	Como está? ['komu schta]
Wie geht's?	Como é que vais/estás? ['komu ä k waisch/stasch]
Danke. Und Ihnen/dir?	Bem, obrigado/obrigada. E o senhor/a senhora/você/tu? [bäi obri'gadu/obri'gada. i u sö'njor/a sö'njora/wos'se/tu]
Auf Wiedersehen!	Adeus! [a'de-usch]

Ementa
Speisekarte

SOPAS	SUPPEN
Açorda [a'sorda]	Brot-und-Knoblauch-Suppe
Caldo verde ['kaldu 'werd]	Portugiesische Kohlsuppe
Canja ['kangscha]	Hühnersuppe mit Reis
Sopa de legumes ['sopa dö lö'gumösch]	Gemüsesuppe
Sopa de peixe ['sopa dö 'päisch]	Fischsuppe
Sopa de tomate e cebola ['sopa dö tom'mat‿i sö'bola]	Tomaten-und-Zwiebel-Suppe

ACEPIPES	VORSPEISEN
Amêijoas com limão [a'mäischuasch kong li'mau]	Herzmuscheln mit Zitrone
Anchovas com azeitonas [ang'schowasch kong asäi'tonasch]	Sardellen mit Oliven
Caracóis [kara'koisch]	Schnecken
Espargos frios ['schpargusch 'friusch]	kalter Spargel
Melão com presunto [mö'lau kong prö'suntu]	Melone mit Schinken
Salada de atum [sa'lada d‿a'tung]	Thunfischsalat
Sardinhas em azeite [sar'dinjas‿äi a'säit]	Sardinen in Olivenöl

PEIXE E MARISCOS	FISCH UND MEERESFRÜCHTE
Amêijoas ao natural [a'mäischuas‿au natu'ral]	Herzmuscheln Natur
Atum [a'tung]	Thunfisch
Bacalhau com todos [baka'ljau kong 'todusch]	Stockfisch garniert
Caldeirada [kaldäi'rada]	Fischeintopf
Camarão grelhado [kama'rau grö'ljadu]	gegrillte Krabben
Cataplana [kata'plana]	Pfannengericht aus Muscheln, Fisch bzw. Fleisch, Paprika, Zwiebeln

Corvina grelhada [kur'wina grö'ljada]	gegrillter Rabenfisch
Dourada [do'rada]	Zahnbrasse
Ensopado de enguias [ensu'padu d‿en'giasch]	Aaleintopf
Espadarte fumado [schpa'dart fu'madu]	geräucherter Sägefisch
Filetes de cherne [fi'lätösch dö 'schärn]	Silberbarschfilets
Gambas na grelha ['gambasch na 'grelja]	gegrillte Garnelen
Lagosta cozida [la'goschta ku'sida]	gekochte Languste
Lavagante [lawa'gant]	Hummer
Linguado [linj'guadu]	Seezunge
Lulas à sevilhana ['lulas‿a söwi'ljana]	gebackener Tintenfisch
Mexilhões de cebolada [möschi'ljoisch dö söbu'lada]	Miesmuscheln mit Zwiebeln
Pargo ['pargu]	Seebrasse
Peixe espada ['päischö‿'schpada]	Schwertfisch
Perca ['pärka]	Barsch
Pescada à portuguesa [pösch'kad‿a purtu'gesa]	Schellfisch auf portugiesische Art
Raia ['raja]	Rochen
Salmão [sal'mau]	Lachs
Sardinhas assadas [sar'dinjas‿a'sadasch]	gegrillte Sardinen

CARNE E AVES — FLEISCH UND GEFLÜGEL

Bife à portuguesa [bif‿a purtu'gesa]	Portugiesisches Rindersteak
Bife de cebolada ['bif dö söbu'lada]	Zwiebelsteak
Bife de peru frito ['bif dö pö'ru 'fritu]	Truthahnsteak
Bofes picados ['boffösch pi'kadusch]	Lungenhaschee
Cabrito [ka'britu]	Zicklein
Carne de porco à Alentejana ['karn dö 'porku a alentö'schana]	Schweinefleisch mit Venusmuscheln
Carne na grelha ['karn na 'grelja]	Rostbraten
Churrasco [schu'raschku]	Fleisch am Spieß
Coelho ['kuelju]	Kaninchen
Costeleta de porco [kuschtö'leta dö 'porku]	Schweinekotelett
Escalope à milanesa [schka'lopp‿a mila'nesa]	Wiener Schnitzel
Escalope de vitela [schka'lopp dö wi'täla]	Kalbsschnitzel

Fígado de vitela ['figadu dö wi'täla]	Kalbsleber
Frango assado ['frangu a'sadu]	gebratenes Hähnchen
Iscas ['ischkasch]	Leber
Lebre ['läbr]	Hase
Leitão assado [läi'tau a'sadu]	Spanferkelbraten
Língua de vaca ['linggua dö 'waka]	Ochsenzunge
Lombo de carneiro ['lombu dö kar'näiru]	Hammelrücken
Miolos de vitela ['mjolusch dö wi'täla]	Kalbshirn
Pato ['patu]	Ente
Perdiz [pör'disch]	Rebhuhn
Perna de vitela ['pärna dö wi'täla]	Kalbskeule
Pimentões recheados [pimen'toisch rö'schjadusch]	Gefüllte Paprikaschoten
Porco assado ['porku a'sadu]	Schweinebraten
Rins [ringsch]	Nieren
Rolinhos de carne [ru'linjusch dö 'karn]	Rouladen
Rosbife [rosch'bif]	Roastbeef
Sauté de rins [so'te dö ringsch]	Kalbsnierenbraten
Tripas ['tripasch]	Kutteln

LEGUMES — GEMÜSE

Alcachofras [alka'schoffrasch]	Artischocken
Aipo ['aipu]	Sellerie
Batatas [ba'tatasch]	Kartoffeln
Beringelas fritas [böring'schälasch 'fritasch]	gebratene Auberginen
Cogumelos [kugu'mälusch]	Pilze
Espargos ['schpargusch]	Spargel
Feijãos verdes [fäi'schausch 'werdösch]	Schnittbohnen
Pepinos [pö'pinusch]	Gurken

SOBREMESA — NACHTISCH

Arroz doce [a'rosch 'dos]	Milchreis
Compota de maçã [kom'potta dö ma'sang]	Apfelkompott
Gelado misto [schö'ladu 'mischtu]	gemischtes Eis
Maçã assada [ma'sang a'sada]	Bratapfel
Manjar branco [mang'schar 'branku]	Maizenapudding
Pêra Helena ['pera i'lena]	Birne Hélène
Pudim flan [pu'ding flang]	Karamelpudding
Sorvete [sur'wät]	Fruchteis
Suspiro [susch'piru]	Meringe, Baiser
Tarta de amêndoa ['tarta d‿a'mendua]	Mandelkuchen

Lista de bebidas

Getränkekarte

LICORES, BRANDIES, AGUARDENTES E APERITIVOS	LIKÖRE, BRANNTWEINE, SCHNÄPSE UND APERITIFS
Medronho [mö'dronju]	Baumerdbeerschnaps
Ginjinha [sching'schinja]	Kirschlikör
Porto ['portu]	Portwein
Aguardente de figos [aguar'dent dö figusch]	Feigenschnaps
Bagaço [ba'gasu]	Tresterschnaps
Madeira [ma'däira]	Madeirawein

VINHO E CERVEJA	WEIN UND BIER
Vinho branco ['winju 'branku]	Weißwein
Vinho tinto ['winju 'tintu]	Rotwein
Vinho verde ['winju 'werd]	leichter Wein mit natürlicher Säure
Cerveja (a copo) [ser'wescha ('kopu)]	Bier (vom Faß)

BEBIDAS NÃO ALCOÓLICAS	ALKOHOLFREIE GETRÄNKE
Bica ['bika]	Espresso
Café (com leite) [ka'fä (kong 'läit)]	Kaffee (mit Milch)
Galão [ga'lau]	Milchkaffee im Glas
Garoto [ga'rotu]	Espresso mit Milch
Chá com leite/limão [scha kong 'läit/li'mau]	Tee mit Milch/Zitrone
Laranjada [larang'schada]	Orangeade
Limonada [limu'nada]	Limonade
Sumo de laranja ['sumu dö la'rangscha]	Orangensaft
Água mineral ['agua minö'ral]	Mineralwasser
com/sem gás [kong/säi gasch]	mit/ohne Kohlensäure